Index

Introduction

Si vous lisez ces lignes, c'est sans doute que vous cherchez des solutions pour transformer le regard négatif ou peut-être simplement insuffisamment juste que vous portez sur vous-même.

Vous avez peut-être tendance à croire que vous n'êtes pas assez bien, pas à la hauteur, pas assez beau/belle, intelligent(e), drôle, cultivé(e), débrouillard(e), etc., pour qu'on puisse vous estimer, vous apprécier ou vous aimer vraiment.

Il se peut aussi que vous ayez déjà conscience de votre valeur, mais que vous ressentiez une certaine fragilité à ce niveau dans certains cas de figure, et que vous ayez le désir de renforcer votre estime de vous-même.

Quel que soit votre positionnement actuel, le parcours que je vous propose de faire à présent à travers les différentes étapes de ce livret vous aidera à partir à la rencontre de vous-même (votre véritable VOUS), à prendre conscience des erreurs de jugements que vous avez pu commettre à votre propre sujet (en fonction de ce qu'on a pu vous dire ou vous montrer) et de comprendre, de ressentir intérieurement que vous avez véritablement de la valeur, tel(le) que vous êtes.

Le programme qui vous est présenté ici est celui que j'ai créé pour mes ateliers virtuels « Transformez votre vie » sur le thème de la confiance en soi.

Ce programme a été utilisé à raison d'un texte abordé chaque jour, ce que je vous conseille de faire également de votre côté. Vous pouvez bien sûr lire l'ensemble d'une traite dans un premier temps pour revenir ensuite sur chaque point en abordant une étape après l'autre, ou même en espaçant chaque étape de plusieurs jours si cela vous est plus confortable, mais pour tirer le meilleur bénéfice de ce parcours, il est important d'expérimenter concrètement les exercices proposés, tranquillement, à son rythme, et de voir simplement ce que ça donne.

Comme je le dis souvent, comprendre intellectuellement le processus ne suffit pas. Il est nécessaire de poser des gestes concrets dans ce sens pour obtenir des résultats, et faire les exercices proposés, du mieux que vous pouvez, vous permettra de progresser véritablement et d'aller vers les changements intérieurs désirés.

Reprenez plusieurs fois l'ensemble des étapes si nécessaire et évaluez vos progrès à chaque session.

Sachez quoi qu'il en soit que toutes les clés sont en vous, et que le point de départ est toujours de CROIRE (de savoir intérieurement) que d'une façon ou d'une autre, vous allez y arriver, que ce soit à travers les outils proposés ici ou d'autres qui se manifesteront à vous à mesure de votre cheminement.

Je vous souhaite un bon parcours et qu'il puisse en ressortir le meilleur pour vous !

Laure

Etape préparatoire :

Dans un premier temps, je vous propose d'évaluer votre degré de confiance, d'estime et d'amour envers celui ou celle que vous êtes.

Définissez votre positionnement pour ces 3 aspects sur une échelle de 0 à 10, le 0 représentant une confiance, une estime ou un amour de soi nuls, et le 10 représentant un parfait équilibre pour chacun de ces aspects, une conscience pleine et entière de sa propre valeur.

Ce repérage vous servira à évaluer vos progrès au fil de ce cheminement personnel et vous aidera aussi à vous motiver et à vous booster en voyant que petit à petit, vous gravissez de nouvelles marches.

Ensuite, je vous propose de noter sur une feuille ce que vous voudriez voir changer en vous, l'objectif que vous désirez atteindre, ce qui compte vraiment à vos yeux à ce sujet.

Conservez vos notes ou consacrez un petit carnet à ce travail, car l'écriture aura une place importante ici.

En effet, le subconscient enregistre environ 90% de tout ce que l'on écrit, alors qu'en procédant mentalement, les informations et tout ce que l'on va mettre en place sera absorbé de façon bien moindre.

Procédez donc systématiquement par écrit, pour chaque exercice d'introspection, pour vos listes ou tout ce qui peut se faire de cette façon, ce qui accélérera la manœuvre et vous permettra de progresser de façon plus fluide.

Etape N°1 : Quel regard portez-vous sur vous-même ?

Pour accroître sa confiance en soi et commencer à s'aimer vraiment, il est important de commencer par **observer la façon dont nous nous traitons** nous-mêmes au quotidien.

Avez-vous tendance à souvent (régulièrement) vous critiquer, vous blâmer ou vous juger ? Comment réagissez-vous lorsque vous faites des erreurs ? Quel regard portez-vous sur vous-même ?

Avez-vous conscience d'avoir de la valeur, tel(le) que vous êtes, ou avez-vous plutôt tendance à penser qu'il doit vous manquer quelque chose, que d'autres sont forcément meilleurs que vous, plus qualifiés ou que sais-je encore ?

Voilà ce que je vous propose pour les jours qui viennent : devenez ou redevenez plus attentif à la façon dont vous vous traitez et considérez vous-même. Observez votre bavardage mental à votre sujet, voyez quels sont vos sentiments à votre égard.

Ensuite, ce que vous pouvez faire dès **MAINTENANT**, c'est de prendre la ferme résolution de ne **plus vous critiquer du tout** ! Plus aucun blâme, plus aucun reproche, plus aucun jugement, rien du tout !

Que ce soit pour une broutille ou quelque chose que vous qualifiez de plus grave, dites stop à cette petite voix dans votre tête qui vous rabaisse ou vous accuse et recadrez-la en lui disant ceci :

"Je fais de mon mieux en toutes circonstances. Il m'arrive de faire des erreurs, mais je suis un être humain après tout et j'ai le droit de faire des erreurs, je peux m'y autoriser. Je suis une bonne personne quoi qu'il en soit, et j'ai de la valeur, tel(le) que je suis"

Vous pouvez reformuler cette phrase en fonction de ce qui sonne juste pour vous, mais veillez à ce qu'elle soit complète et aborde ces trois aspects : le fait que vous faites toujours de votre mieux, que vous avez le droit à l'erreur et que vous avez de la valeur tel(le) que vous êtes.

Si vous vous surprenez à vous blâmer ou à retomber dans vos anciens schémas, dites stop dès que vous en prenez conscience et recentrez-vous sur cette nouvelle direction.

Faites simplement au mieux, et à votre rythme. Vous n'avez pas besoin d'y arriver dans un certain délai et encore moins tout de suite. L'essentiel est de respecter le rythme juste pour vous et de simplement expérimenter la chose, ce qui vous évitera de vous mettre la pression.

Etape N°2 : La liste des aspects positifs

Nous avons abordé un premier exercice qui vise à devenir attentif à la façon dont vous vous traitez vous-même pour stopper petit à petit ce bavardage mental négatif à votre sujet et commencer à modifier votre positionnement intérieur sur ce plan.

Je vais vous proposer maintenant une seconde partie à cet exercice (et il y en aura d'autres) que je vous invite à mettre en pratique dès aujourd'hui.

Ça vous demandera quelques minutes de votre temps seulement, et ça vous permettra de tisser quelques brins de plus pour trouver ou retrouver une estime de vous-même plus forte.

N'oubliez pas que chacun a son propre rythme et que vous devez respecter le vôtre. Ne vous mettez pas la pression en vous disant qu'il faut y arriver à tout prix, car vous n'avez de comptes à rendre à personne.

Pour en revenir à notre exercice, fixez-vous un moment aujourd'hui où vous serez au calme. Prenez une feuille, et commencez à noter ce que vous appréciez en vous-même, aussi bien d'un point de vue physique que moral.

Même si vous avez une très faible estime de vous-même, il y a forcément quelques éléments que vous arriverez à considérer comme positifs, alors faites l'effort de les définir, et notez-les sur votre feuille.

Essayez également de mettre l'accent sur ces points forts en donnant une tournure très positive aux éléments notés. Par exemple, à la place de faire un simple constat en disant que vous avez les yeux de telle couleur, vous pouvez noter que vous avez de jolis yeux de telle couleur.

Même si vous n'êtes pas totalement convaincu par ce que vous notez, faites-le quand même, et soyez le plus positif possible.

Ne notez rien qui vous sous-estime, même indirectement, du genre « je suis plutôt jolie / beau ». Le « plutôt » laisse entendre que c'est ok, mais pas tant que ça. Pour ce genre d'éléments, contentez-vous de noter « je suis jolie / beau ».

Faites aussi la liste de toutes vos qualités, de vos valeurs, de vos traits de caractère positifs, tout ce que vous voyez comme intéressant chez vous.

En faisant l'effort de chercher un peu, vous allez sans doute vous rendre compte qu'il y a bien plus d'éléments favorables en vous que ce que vous aviez tendance à croire.

Le truc, c'est que lorsqu'on manque d'estime de soi, on a tendance à se focaliser uniquement sur le négatif, et du coup, le positif disparaît totalement, masqué par ce petit quelque chose négatif vers lequel toute notre attention est dirigée.

Et le fait de focaliser toute son attention dans une direction fait qu'on attire à soi encore plus de pensées allant dans le même sens, ce qui devient un cercle vicieux.

Vous pouvez dresser votre liste en plusieurs fois si vous le voulez, mais entamez cette démarche dès aujourd'hui et trouvez au minimum 10 éléments à inscrire sur votre liste, physique et moral confondus.

Ne reportez pas en vous disant que vous le ferez demain ou un autre jour, parce que c'est une façon d'éviter de vous confronter et c'est sans doute votre peur qui parle.

La question à se poser est la suivante : Pourquoi lisez-vous ces lignes ? Parce que vous avez le désir de changer et de vous libérer de cette « prison » intérieure, n'est-ce pas ? Alors faites cet exercice, même si ce n'est pas facile pour vous, et attendez simplement de voir où ça va vous mener, sans attentes particulières quant au résultat.

Abordez une étape après l'autre, laissez vous guider et expérimentez les exercices proposés comme si c'était un jeu, ce qui vous aidera à vous décharger de toute pression.

Ne vous jugez pas non plus sur vos résultats. Vous n'avez pas besoin d'aller vite ou de tout assimiler immédiatement. Faites au mieux, à votre rythme et autorisez-vous à ne pas y arriver de suite. Aussi paradoxal que ça puisse paraître, c'est comme ça que vous obtiendrez les meilleurs résultats et les plus rapides aussi.

Gardez votre liste à proximité, car elle va servir pour l'un des prochains exercices proposés :-)

Je vous inviterai même à la mettre quelque part où vous êtes sûr de la voir régulièrement, que ce soit en la collant sur le miroir de votre salle de bain, en la plaçant sur votre bureau, dans votre agenda ou sur votre table de chevet, peu importe.

Le but du jeu va être de vous inciter à vous focaliser sur les éléments positifs présents pour inverser la vapeur et cesser de diriger toute votre attention vers les quelques éléments négatifs qui prennent toute la place (ou une bonne partie) dans votre perception au moment présent.

Testez, et voyez ce que ça donne !

Etape N°3 : Que voulez-vous vraiment ?

Nous allons poursuivre avec un nouvel exercice qui visera à se focaliser sur vos aspirations véritables par rapport au thème de l'atelier et votre tableau idéal.

Si vous lisez ceci, c'est que vous voulez gagner en confiance en vous-même, avoir une estime de vous-même plus grande, plus juste et trouver le chemin pour apprendre à vous aimer, tel que vous êtes, ou renforcer simplement ces différents aspects.

Je vous ai proposé à l'étape préparatoire de noter votre objectif, ce que vous aimeriez voir changer dans votre vie, ce qui vous tient à cœur par rapport au thème de la confiance en soi.

Si vous relisez vos notes, il y a toutes les chances que vous constatiez que vous n'avez pas vraiment parlé de vos besoins et attentes réels, mais plutôt de tout ce qui ne va pas, tout ce qui vous pose souci, tout ce dont vous ne voulez pas ou plus, et c'est sur ce point que je voudrais attirer votre attention.

Quand vous focalisez toutes vos pensées vers ce dont vous ne voulez pas ou plus, vers ce qui vous pose problème, vous alimentez de votre énergie ces éléments et vous en attirez un peu plus à vous !

Si à la place, vous commencez à être plus attentifs à la façon dont vous vous positionnez, dont vous pensez ou dont vous parlez, vous allez progressivement pouvoir faire du tri là-dedans pour diriger votre attention non plus vers ce dont vous ne voulez pas, mais ce que vous voulez vraiment, et donc, attirer à vous des expériences correspondantes.

Si vous dites : « Je ne veux plus avoir un regard aussi négatif sur moi-même » par exemple, vous parlez de ce dont vous ne voulez pas. Vous pourriez à la place dire ceci « Je veux avoir confiance en moi ». Prêtez attention à la façon dont vous formulez vos demandes et à ce qui émane de vous, car c'est très important.

Je vais donc vous proposer à présent de reprendre cet exercice. Vous savez clairement ce dont vous ne voulez pas ou plus, et donc, à partir de là, il vous sera plus facile de déterminer clairement ce que vous voulez vraiment.

Deux parties à cet exercice : Dans un premier temps, définissez ce que vous voulez exactement et soyez aussi précis que possible. Allez également creuser plus en profondeur pour voir quels sont les besoins qui se cachent derrière vos attentes initiales.

Par exemple, si vous me dites que vous voulez avoir plus confiance en vous, votre désir a ce sujet n'a pas pour seul but d'avoir confiance en vous :-) La question est de savoir ce que ça vous apporterait, ce que ça changerait pour vous, comment vous vous sentiriez en ayant enfin confiance en vous, qu'est-ce que ça vous permettrait de faire que vous ne faites pas aujourd'hui, qu'est-ce que ça apporterait comme bénéfices à votre vie ?

C'est comme quand on exprime le souhait d'avoir plus d'argent. L'argent en lui-même n'est que de l 'argent, un moyen d'échange. Mais que permet cet argent ? Il nous donne la possibilité de faire ou d'acheter bien des choses que nous ne pouvons pas faire ou acheter sans lui. Il nous donne également la possibilité d'avoir l'esprit tranquille, de ne plus nous tracasser pour les factures, de ne plus devoir surveiller constamment les dépenses, de gâter ceux que nous aimons (et nous-mêmes!) etc. Dans cet exemple, le désir réel n'est pas vraiment l'argent, mais plutôt toute la liberté qu'il offre et ce qu'il nous permet de faire ou d'avoir.

La question par rapport à votre démarche est donc de savoir ce que ça vous apporterait d'avoir pleinement confiance en vous, de vous estimer à votre juste valeur et de vous aimer vraiment pour celui ou celle que vous êtes.

Cet exercice est très important, car c'est en utilisant vos réponses et en vous appuyant sur elles que vous allez pouvoir commencer à vous focaliser sur ce que vous voulez vraiment, et c'est ça l'élément déclencheur qui vous permettra d'attirer dans votre expérience concrète tout ce qu'il vous faut pour atteindre votre but.

Pour aller plus loin dans cette direction, voilà la **seconde partie de l'exercice** et elle est très importante aussi : Une fois que vous aurez défini clairement ce que vous voulez, ce qui vous tient le plus à cœur, prenez une feuille ou le clavier de votre ordinateur :-) et décrivez le tableau idéal pour vous.

Imaginez que vous avez à présent réglé ces difficultés, que vous avez pleinement confiance en vous-même. Vous vous sentez mieux que jamais dans votre peau, vous êtes souriant, joyeux, vous vous sentez léger et libre. Vous n'avez plus peur du regard ou du jugement des autres. Vous êtes en paix avec vous-même, vous vous autorisez à être vous-même, vous ne ressentez plus le besoin de calculer vos faits et gestes ou encore de mâcher vos paroles pour être sûr de ne pas faire une boulette, d'être rejeté, pointé du doigt ou que sais-je encore.

Vous n'avez plus peur de perdre l'affection et l'amour des autres, parce que vous savez que ceux qui sont là pour de bonnes raisons ne vous jugeront pas et vous acceptent tel que vous êtes.

Comment vous sentez-vous en vous plongeant mentalement là-dedans ?

Le but de cette seconde partie d'exercice va être de décrire une scène de vie où vous vivez déjà ce que vous désirez vivre, où vous avez déjà pleinement confiance en vous et où vous vous aimez vraiment. Utilisez le petit descriptif ci-dessus, imaginez comment ce serait, et ensuite, décrivez une scène où vous vous voyez vivre dans cette légèreté intérieure et voyez ce qui se passe, et en vous, et dans vos rapports avec les autres. Vous pouvez dresser le scénario d'une journée de travail, d'une sortie, d'un rendez-vous ou n'importe quel autre moment qui vous inspire en décrivant ce qui se passe, ce qui est différent, ce qui a changé, la façon dont vous réagissez, dont vous vous sentez, et aussi la façon dont les autres se comportent à votre égard.

Vous pouvez aussi faire cet exercice en vous basant sur un mauvais souvenir, sur un moment de votre vie qui s'est mal passé à cause de ce manque de confiance en vous-même, et changer le scénario en l'adaptant à votre nouveau positionnement intérieur, celui où vous vous sentez parfaitement en paix, parfaitement bien et en confiance.

Voyez ce qui vous permet de vous sentir le plus à l'aise et laissez parler votre imagination.

Vous pouvez utiliser cet exercice régulièrement, où le faire mentalement chaque jour, durant quelques minutes, en vous imaginant déjà vivre dans la confiance et la sérénité, en vous voyant tel que vous voudriez être, car c'est précisément le fait de ressentir intérieurement les choses qui les fait se matérialiser dans notre existence concrète.

Bien sûr, cet exercice peut être utilisé pour tous les autres aspects de votre vie que vous voudriez voir changer, cependant, je vous encourage à vous concentrer sur un domaine à la fois, à aller au bout des choses pour un objectif, pour ensuite seulement en aborder un autre.

Il est souvent très tentant de vouloir tout bouleverser à la fois quand on prend conscience de toutes les possibilités qui s'offrent à nous, mais il est important d'avancer progressivement, en se concentrant sur une direction à la fois.

Trouvez un moment aujourd'hui pour vous pencher sur cet exercice, et si vous êtes tenté de reporter à un autre moment, rappelez-vous la question à vous poser :

Voulez-vous que votre vie change ? Si c'est oui, alors lancez-vous, prenez quelques minutes pour définir clairement vos attentes réelles (cette étape est prioritaire, car c'est la base de tout changement) et établissez ensuite un scénario (qui n'a pas besoin d'être très long) afin de vous plonger mentalement dans l'état de déjà vivre cette confiance en vous-même que vous souhaitez vivre.

Etape N°4 : L'exercice du miroir

Je vais maintenant vous proposer la 3e partie de l'exercice sur les aspects positifs.

Je vous rappelle les deux premiers morceaux :

Prendre la ferme résolution de ne plus se blâmer ! **DU TOUT** :-) On laisse les critiques, les jugements, les dévalorisations ou quoi que ce soit d'autre dans le genre au placard, ou mieux, on les met directement à la poubelle, et on commence à faire preuve d'indulgence envers soi-même, de douceur, de bienveillance et de respect.

Où en êtes-vous avec cette partie-là ?

Deuxième étape : Faire la liste des aspects positifs en soi. Veillez à sortir de vos rôles, c'est à dire à ne pas cibler votre valeur en tant que professionnel par exemple, que maman/papa, fille ou fils, etc.

Vous n'êtes pas un métier, vous n'êtes pas un rôle, vous êtes une personne à part entière qui existe en tant que « juste vous ». Et c'est avec cette personne-là que je voudrais communiquer ici :-)

Listez tous les aspects positifs en vous, aussi bien d'un point de vue physique que moral. Notez vos traits de caractère positifs (être têtu peut en être un aussi ! :-)) vos valeurs, votre façon d'être, etc.

Troisième étape : Ce que je vous propose à présent, c'est d'utiliser votre liste des aspects positifs à chaque fois que vous passerez désormais devant un miroir. Choisissez un élément à chaque fois (celui que vous voulez, mais alternez à chaque passage), regardez-vous droit dans les yeux, et faites-vous un compliment ! Adressez-vous ce compliment de la façon la plus sincère possible, comme si vous le faisiez à une autre personne. S'il vous est difficile de faire ceci au début, persévérez néanmoins et accrochez-vous !

Et vous n'avez pas le droit de tricher en évitant les miroirs ces prochains jours :-)

N'oubliez pas la question que vous devez toujours vous poser si vous êtes tenté d'esquiver ou de reporter vos exercices : Est-ce que je veux vraiment que ça change ?

Si c'est oui, alors lancez-vous, testez, et voyez ce que ça donne. Il n'y a aucune obligation de quoi que ce soit, mais si vous désirez avancer et vous défaire des blocages et limitations actuelles, comprendre intellectuellement tout ceci ne suffit pas. Il est nécessaire de poser des gestes concrets pour commencer à instaurer de nouvelles habitudes qui vont vous permettre de vous sentir bien dans votre peau et de retrouver un regard plus juste sur votre véritable valeur.

Voilà pour cet exercice, à mettre donc en pratique tous les jours, à chaque passage devant un miroir ! Prenez également l'habitude de vous féliciter pour toutes les choses positives que vous accomplissez, petites ou grandes. Vous pouvez également le faire devant un miroir, car le fait de voir vos yeux pétiller, de vous voir enthousiaste et joyeux quand vous accomplissez quelque chose de bien va encore renforcer votre ressenti intérieur et ce sera alors un cercle vertueux qui va s'installer.

Ensuite, je voudrais aborder un autre aspect avec vous. Beaucoup de gens ont un regard plus ou moins négatif sur eux-mêmes, sur qui ils sont et leur valeur personnelle.

Il y en a qui se dévalorisent physiquement, d'autres moralement, ou même les deux.

Voilà la question que j'aimerais vous poser et à laquelle je vous demande de bien réfléchir. Notez votre réponse de préférence par écrit, ce qui vous aidera à bien clarifier vos pensées.

Selon les critères de qui ou de quoi avez-vous défini que vous n'étiez pas assez bien, pas assez beau /belle, pas assez ceci ou cela ?

Vous portez un jugement négatif ou insuffisant sur votre propre personne, et cela ne vient pas de nulle part. Si vous vous percevez de cette façon, ou si vous doutez de vous, c'est qu'on vous a laissé entendre ou fait ressentir que vous n'étiez pas suffisant tel que vous étiez.

Je vous propose donc d'utiliser l'introspection pour commencer à démonter petit à petit vos croyances à votre sujet, et porter progressivement un regard nouveau sur qui vous êtes.

Pour travailler dans ce sens, nous allons utiliser un jeu de questions/réponses.

Voilà celles qui pourront vous être utiles :

- Qu'est-ce qui, selon moi, n'est pas suffisant en moi ?
- Quel genre de personne je pense devoir être pour être quelqu'un de bien, et pourquoi ?
- Quelles lacunes m'empêchent d'être à mes yeux une personne de valeur ?
- N'ai-je pas la possibilité de combler ces lacunes, d'y remédier ?

- Y a-t'il quelque chose que je peux faire concrètement pour avoir une meilleure estime de moi-même ?
- Qu'est-ce qui a tendance à me faire douter de moi ?
- Quels sont les propos extérieurs à mon sujet qui me blessent le plus ?
- De quoi ai-je peur si je ne suis pas à la hauteur de ce que les autres attendes ?
- Pour qui suis-je censé(e) être à la hauteur ?
- Est-ce que je cherche à mieux convenir aux autres ?
- Est-ce que je m'autorise vraiment à être moi-même ? Si c'est non, pourquoi ?
- De quoi ai-je peur si je m'autorise à laisser parler ma vraie nature ?
- En continuant à me considérer de façon négative, est-ce que je me sens bien ?
- Si je choisissais aujourd'hui de me focaliser sur les aspects positifs de ma personne et de m'accepter comme je suis, qu'est-ce qui changerait dans ma façon d'être, dans mon ressenti intérieur, dans ma vie en général ?
- Qu'est-ce qui m'empêche de m'accepter comme je suis et de m'aimer ?
- Y a-t'il quelque chose de si négatif en moi qui pourrait empêcher les autres de m'apprécier ou de m'aimer ?
- Est-ce que je rejette les autres sous prétexte qu'ils sont différents de moi ou qu'ils ne répondent pas à certains critères très précis ?

Et vous pouvez poursuivre ainsi en suivant votre inspiration et en cherchant à argumenter à chaque fois de façon à démonter vos croyances négatives et à prendre conscience de leur aspect illusoire.

Posez-vous des questions, demandez-vous pourquoi vous pensez telle chose, pourquoi vous estimez ne pas avoir de la valeur ou pas suffisamment, d'où vous vient cette idée, si la source de cette idée détient la vérité universelle ou s'il n'est pas possible que cette source ait seulement réagi en fonction de ses propres schémas et souffrances, ne traduisant pas le véritable fond de sa pensée, etc.

Ne laissez rien en suspens, ne lâchez pas le morceau pour arriver au stade où vous allez vous dire :
« Mais après tout, c'est vrai ? Pourquoi est-ce que je devrais forcément rentrer dans un moule déjà défini ou accepter les critères de perfections énoncés par d'autres pour avoir le droit de m'aimer et de me voir comme une personne de valeur ? »

Quand vous aurez franchi un certain cap, il est possible que monte en vous un sentiment de révolte parce que vous ne comprendrez plus pourquoi vous vous êtes perçu négativement pendant si longtemps. Vous pourriez aussi ressentir de la colère, de l'injustice, de la frustration, tout ceci tourné vers les autres, mais surtout vers vous-même.

Si c'est le cas, accueillez votre émotion, examinez là, voyez à quoi elle fait écho en vous, et acceptez-la plutôt que de chercher à l'ignorer ou à lutter contre.

Avancez de toute façon à votre rythme, et laissez-vous le temps nécessaire pour faire le chemin.

Ce qu'il faut bien garder à l'esprit ici, c'est qu'aucun de nous ne devrait être différent de ce qu'il est. Chacun est unique, différent de tous les autres, et personne n'a à rentrer dans un moule pour avoir le droit à une étiquette « personne de valeur ».

Chacun a de la valeur tel qu'il est. Chacun a sa place dans ce monde et son rôle à jouer. Si vous regardez un peu ce qui se passe autour de vous, vous verrez que toutes ces différences offrent une merveilleuse complémentarité entre tous les êtres de la planète. Si au lieu de rejeter la différence en la considérant comme une menace, on l'accepte et on la voit comme une source d'enrichissement, tout change :-)

Par ailleurs, quand nous disons que nous ne sommes pas assez ceci ou cela, nous estimons ne pas l'être par rapport à qui au juste ?

Nous n'avons pas à nous comparer à qui que ce soit, parce qu'on ne peut que comparer deux éléments strictement identiques, et il n'existe pas un seul être sur cette planète qui soit strictement identique à un autre (même pas pour des jumeaux !)

Il n'y a pas de comparatif à faire. Nous sommes juste différents les uns des autres, et c'est ça qui fait la richesse du partage avec les autres. Chacun a quelque chose à apporter, même si c'est un tout petit quelque chose. Sans ce quelque chose, le monde ne tiendrait pas debout !

Et voilà d'ailleurs quelque chose qu'on pourra ajouter à l'exercice « on abandonne la critique » :

On abandonne aussi les comparatifs !

Etape N°5 : S'autoriser à dire NON

À présent nous allons aborder un sujet qui est souvent problématique lorsqu'on manque de confiance en soi: **le fait de dire NON**

Je commencerai donc par vous poser cette question: Vous autorisez-vous à dire non ?

Voyez comment vous vous sentez lorsqu'on vous sollicite pour quelque chose qui ne vous emballe pas, lorsqu'on vous demande quelque chose qui vous semble inintéressant, ennuyeux ou même qui vous agace.

Est-ce que vous vous permettez de dire non, en vous sentant parfaitement en paix sur ce point, ou est-ce que votre cœur a plutôt tendance à s'emballer à la simple idée de refuser, est-ce que vous commencez à chercher mille excuses valables dans votre esprit pour tenter de vous échapper, ou est-ce que vous vous résignez d'office pour vous sentir ensuite contrarié, ennuyé, voire en colère parce que vous vous sentez obligé de faire quelque chose que vous n'avez pas envie de faire ?

Ensuite, allons chercher le pourquoi de cette difficulté à dire non.

De quoi avez-vous peur exactement si vous vous autorisiez à dire non ?

Bien souvent, ce blocage vient du fait que nous pensons (à tort) que si nous disons non, on va se détourner de nous, on ne nous appréciera plus de la même façon, ou pire encore, on ne nous aimera plus et on va finir par se retrouver seul au monde.

Ces peurs ne sont pas nécessairement conscientes, d'où l'intérêt de vous poser directement la question, mais ce sont en général celles qui se cachent derrière cette difficulté à dire non.

Regardons les choses de plus près...

Si certaines personnes se détournent de vous parce que vous leur dites non, pensez-vous vraiment que ces personnes soient là pour de bonnes raisons, saines et authentiques ? Ou s'agirait-il plutôt de gens qui sont là pour prendre ce qu'ils peuvent prendre, et qui trouveront une autre cible si ça ne fonctionne plus avec vous ?

Pensez-vous que le fait de dire non pourrait vous enlever l'amour et l'affection des gens qui vous aiment vraiment ?

Est-ce que de votre côté, si une personne que vous aimez profondément, ou même une personne que vous appréciez simplement vous disait non, vous lui tourneriez le dos ?

Vous ne le feriez pas parce que l'autre refuse d'accéder à votre demande, n'est-ce pas ?

Alors pourquoi les autres choisiraient-ils de couper les liens avec vous parce que vous leur dites non ?

Le truc, c'est que la part de vous qui est adulte comprend tout ça, et ça lui paraît peut-être même logique et évident que personne ne va partir en courant parce que vous dites non. Mais la part plus profonde de vous, celle qu'on appelle l'enfant intérieur ne ressent pas nécessairement la même chose et est dans la peur, dans la vulnérabilité, ayant tendance à croire qu'il faut toujours dire oui, être disponible et se tenir bien tranquille pour qu'on continue à l'aimer.

Essayez de voir ce qui se passe du côté de cette part de vous justement.

Fermez les yeux, respirez tranquillement, et essayez de prendre contact avec vos émotions.

Demandez-vous ce qui vous fait peur au juste, et **notez toujours vos réponses**, parce que ça vous aidera à creuser plus loin.

Je vous propose un petit exercice pour les jours qui viennent.

Lorsque vous allez vous retrouver confronté à une situation où vous auriez fortement envie de dire non et où, habituellement, vous auriez dit oui, prenez un peu de recul, demandez-vous s'il y a un réel danger à dire non ou si c'est juste votre peur qui parle, voyez de quoi vous avez peur exactement et utilisez votre esprit rationnel pour vous raisonner et vous apaiser.

Nous aborderons à la prochaine étape la façon dont on peut travailler sur l'enfant intérieur, mais en attendant, utilisez déjà la part adulte de votre être.

Si vous n'avez pas envie de dire oui et que les émotions liées à la crainte d'éventuelles répercussions négatives pour un non ne sont pas trop vives, **autorisez-vous à dire non**, ou au moins à dire à votre interlocuteur que vous allez y réfléchir, plutôt que de dire oui immédiatement alors que vous avez une furieuse envie de dire non.

Vous pourriez procéder ainsi pour de petites choses sans conséquence dans un premier temps, histoire de vous sentir plutôt à l'aise avec la démarche et de voir ce que ça donne.

Vous verrez qu'en vous autorisant à dire non, même si ça fout un peu la trouille avant de se lancer, vous allez vous sentir extrêmement bien, plus libre, et vous serez même fier de vous !

Si vous vous sentez plutôt à l'aise avec cet exercice, essayez de viser des objectifs plus compliqués à vos yeux.

Vous pourriez même vous fixer comme petit défi de dire non à toutes les demandes faites dans les X prochains jours (à votre convenance) juste pour tester la chose et prendre conscience du fait qu'il n'y a pas de réel danger et que votre monde ne va pas s'écrouler parce que vous vous permettez de dire non.

Vous avez le droit de dire non et si l'autre réagit mal, c'est son problème et non le vôtre. La façon dont les autres réagissent ne nous appartient pas. Ce n'est pas à vous de porter ce poids à leur place.

Si vous dites oui, alors que vous avez sacrément envie de dire non, vous allez vous sentir mal parce que cela revient à vous trahir vous-même, à ne pas respecter votre personne et votre nature profonde. Vous êtes en conflit intérieur, et la colère en apparence tournée vers l'extérieur est en réalité de la colère tournée contre vous. Autant dire que ce n'est ni agréable ni productif, et c'est au contraire un piège, car ça agit comme une bombe à retardement.

Plus vous agissez à contresens de vos véritables envies, plus vous accumulez colère et frustration, plus ça va mal, et plus vous attirez à vous des circonstances extérieures qui vont vous faire vous sentir mal.

Écoutez-vous ! Demandez-vous toujours ce que vous voulez vraiment, et si ce que vous voulez vraiment c'est esquiver ce quelque chose qu'on vous propose et qui ne vous tente pas, alors autorisez-vous à dire non, paisiblement.

Il est possible que vous ressentiez le besoin de vous justifier pendant un temps, mais vous n'avez pas à le faire. Vous pouvez simplement dire non. Vous avez vos raisons de le faire et les autres n'ont pas à connaître ces raisons. Ça vous appartient, et quand vous serez plus en paix avec vous-même, tout ceci se fera naturellement.

Tenez compte de ce que vous ressentez, et veillez à toujours faire en sorte que vos choix et vos actes aillent dans le même sens que vos véritables aspirations.

Ce que vous pouvez faire pour compléter tout ceci, c'est essayer d'identifier les moments où vous êtes en désaccord avec vous-même, où vous aimeriez dire non, mais où vous vous sentez obligé de dire oui.

Voyez ce qui se passe en vous à ce moment-là, ce que vous ressentez, et prenez des notes, ça vous aidera à décortiquer.

Etape N°6 : Le processus de guérison de l'enfant intérieur

Je vous propose maintenant d'aborder ce qu'on appelle l'enfant intérieur et la façon dont on peut s'y prendre pour le guérir.

Quand nous manquons de confiance en nous-mêmes, que nous avons une estime insuffisante (voire très basse) de qui nous sommes vraiment, que nous ne nous aimons pas, c'est que pendant cette période de notre vie qu'a été notre enfance, il y a eu des manques : ça peut concerner un manque de valorisation, de reconnaissance, d'affection, d'amour ou bien d'autres choses encore.

En devenant adulte, la part de nous qui est rationnelle sait que nous sommes de bonnes personnes, que nous avons des qualités, des aptitudes, etc. (elle le comprend intellectuellement), mais cette part de nous qu'on nomme l'enfant intérieur et qui est complètement reliée à l'émotionnel ne le ressent pas.

C'est comme si vous étiez scindé en deux. Une part de vous fonctionne sur un système logique qui lui dit qu'il n'y a rien de concret en vous qui pourrait justifier le fait que vous n'avez pas de valeur, alors qu'au niveau de vos émotions, il y a souvent de la souffrance, de la colère parfois aussi, ou tout un tas d'autres émotions qui se mélangent, en particulier lorsque des situations du présent viennent réveiller les schémas d'origine.

Cette part de nous n'est pas rationnelle et fonctionne uniquement sur le mode des émotions, et quand il reste encore de grosses blessures non guéries, elle aura tendance à nous faire réagir de façon disproportionnée comme pour nous envoyer un signal qui nous montre ce qu'il y a à réparer.

C'est donc au sein de notre enfance que se trouvent les origines de nos blocages, et c'est ce petit enfant que nous étions autrefois qui a interprété l'attitude ou les paroles des autres à son égard comme étant la « preuve » qu'il n'était pas assez bien, pas assez beau, pas assez intelligent, etc., pour qu'on puisse l'aimer vraiment.

C'est cet enfant qui existe toujours en nous et qui est toujours blessé qui demande à être entendu, regardé, valorisé et aimé tout simplement, pour que ces deux parts de notre être puissent s'unir à nouveau, dans l'harmonie et un sentiment de paix profonde.

La guérison de l'enfant intérieur est une des étapes importantes à franchir pour pouvoir s'aimer vraiment, s'estimer à sa juste valeur et avoir confiance en soi.

Vous pouvez travailler dans ce sens d'une façon très simple, soit lorsque vous ressentez une vive émotion, soit en cherchant délibérément à cibler un épisode douloureux du passé (proche comme lointain) afin de vous connecter aux émotions ressenties et commencer alors à soigner cette part de vous toujours en souffrance.

Ca marche aussi bien pour de petites que de grandes choses à régler.

Adressez-vous à votre enfant intérieur comme s'il s'agissait d'une personne extérieure à vous que vous aimez de tout votre cœur.

Si vous ressentez de la tristesse, demandez-vous ce que vous diriez à cette personne que vous aimez profondément pour la consoler, et adressez ces mêmes mots à votre enfant intérieur.

Vous pouvez fermer les yeux et concentrer votre attention sur la région de votre cœur, car c'est la maison de votre enfant intérieur pour ainsi dire, ou vous pouvez même visualiser cet enfant intérieur (vous lorsque vous étiez enfant) et vous adresser à lui ainsi en observant ses réactions.

Si c'est de la colère que vous ressentez, procédez de la même façon et demandez-vous ce que vous diriez ou feriez pour apaiser quelqu'un que vous aimez énormément et qui est très en colère. Adressez ces mêmes mots à votre enfant intérieur, en lui parlant comme si c'était une personne en dehors de vous, et observez ce qui se passe au niveau de vos émotions.

Avez-vous déjà remarqué que lorsque quelqu'un est très en colère, et qu'au lieu de rentrer vous aussi dans cette colère vous ne dites rien et prenez cette personne dans vos bras, la colère s'apaise quasi instantanément ? Vous pouvez faire de même avec votre enfant intérieur en vous visualisant adulte, tels que vous êtes aujourd'hui, et en vous voyant prendre dans vos bras votre enfant intérieur, celui ou celle que vous étiez autrefois.

Observez toujours ce qui se passe au niveau de votre émotion, et continuez à parler avec douceur à cette part de vous jusqu'à ce que vous ressentiez le soulagement arriver.

Vous pouvez aussi poser des questions à votre enfant intérieur, lui demander ce qui se passe, ce qui le chagrine, ce qui le bouleverse, de quoi il a peur, etc. ?

Vous verrez que de cette façon, les réponses viendront la plupart du temps spontanément, et vous allez pouvoir commencer à reconstruire ce lien vers cette part de vous qui avait peut-être été mise à l'écart pendant un temps, voire pendant longtemps.

C'est de cette façon que vous pourrez reconnecter les deux parts de votre être entre elles et trouver plus d'harmonie dans votre vie.

L'amour que vous pouvez rechercher pour combler ce vide intérieur ne peut pas venir de l'extérieur de vous. Ce sentiment de vide persistera ou s'amplifiera tant que vous ne regarderez pas au bon endroit.

C'est de vous que tout va partir. Commencez à prendre soin de cet enfant intérieur, à lui parler avec amour, à le traiter avec respect, à faire preuve de compréhension et de compassion envers lui. Partagez ce qui vous tient à cœur avec lui, dites-lui qu'il est merveilleux, qu'il est plein de valeur, que vous l'aimez très fort, et voyez de quelle façon tout ceci évolue.

C'est une méthode qui est extrêmement simple, mais qui produit des effets souvent spectaculaires en peu de temps.

Il suffit de penser à le faire quand vous sentez une émotion vive se présenter, commencer à vous adresser à cet enfant intérieur (ce que vous pouvez faire mentalement, ça fonctionne tout aussi bien) et vous allez petit à petit guérir vos anciennes blessures, celles qui vous suivaient depuis des années parfois, pour vous sentir de plus en plus libre, joyeux et solide intérieurement.

Par ailleurs, le second bénéfice sera d'élever vos vibrations, et donc de commencer à attirer à vous des plus en plus d'expériences joyeuses et enthousiasmantes.

En réparant l'intérieur, vous transformez aussi tout l'extérieur.

C'est avant tout ce petit enfant en vous qui a besoin de se sentir aimé et choyé pour que l'adulte que êtes aujourd'hui puisse avoir confiance en lui, se sentir stable et solide, s'estimer et s'aimer vraiment.

Etape N°7 : Le Lâcher-prise

J'aimerais vous parler à présent du lâcher-prise, car il est important dans toute démarche de développement personnel et particulièrement quand il y a un chemin de guérison à faire. En effet, tout ce qu'on retient en soi agit à la longue comme **une sorte de poison** qui ternit notre joie naturelle, qui nous rend aigris, sans vie, fermés, etc.

Le but est donc de se défaire de ces valises pleines de cailloux qui concrètement **ne nous servent à rien** et ne font que nous encombrer et alourdir le voyage.

Introspection

Essayez dans un premier temps d'examiner la chose sous cet angle : considérez les émotions négatives qui vous pèsent.

Avez-vous le sentiment que la colère, la frustration, la tristesse, la rancoeur, les inquiétudes, les doutes, ou tout autre sentiment négatif vous apportent quelque chose ?

La réponse peut être un oui. En effet, il arrive parfois qu'on « veuille » inconsciemment se maintenir dans une émotion négative parce que cela a un impact sur notre entourage et nous permet d'obtenir quelque chose qu'on **pense** ne pas pouvoir obtenir autrement.

Vous pourriez par exemple sans le vouloir rester enfermé dans de la tristesse parce que du coup, ça pousse les autres à **prendre soin de vous**, à vous bichonner ou à vous donner de l'affection, ce que vous **pensez** peut-être ne pas pouvoir obtenir autrement qu'en étant triste.

Ce type de schémas n'est jamais volontaire, mais en fonction de votre vécu, de votre cheminement, de la façon dont vous avez été élevé, vous avez adopté certains fonctionnements, et ces fonctionnements peuvent **vous faire croire** qu'il n'y a qu'en réagissant d'une certaine façon que vous pourrez atteindre tel objectif.

Prenez conscience des schémas en place en vous

Comme toujours, quand on veut démonter un schéma négatif, il faut commencer par **l'identifier** et **en prendre conscience**.

C'est l'introspection qui va nous servir de guide ici. Posez-vous toujours des questions et décortiquez, analysez, creusez plus en profondeur, jusqu'à ce que vous ayez le sentiment d'être allé au fond des choses.

Identifiez les états négatifs dans lesquels vous vous retrouvez régulièrement enfermé en ayant le sentiment de ne rien pouvoir y faire.

Voyez justement si vous êtes souvent triste, en colère, frustré ou autre.

Ensuite, voyez ce qui se passe par rapport à votre entourage quand ces attitudes s'activent chez vous.

Quel impact sur ceux qui gravitent autour de vous ?

Comment réagissent vos proches, quels sont les résultats que vous obtenez, qu'est-ce qui se passe en vous, y a-t-il quelque chose à y gagner ?

Prenez vraiment le temps de réfléchir à ce sujet et de voir de quoi il retourne.

Le fait d'identifier les schémas en place vous aidera à prendre rapidement du recul à ce propos et à tomber **de moins en moins souvent** dans le piège, parce qu'en y voyant clair à ce sujet, vous pourrez vous dire « tiens, je suis de nouveau en train de réagir de cette façon... » et vous pourrez arrêter la machine en marche et **faire un autre choix,** conscient cette fois, pour ne plus répéter inlassablement les mêmes scénarios destructeurs et épuisants.

Vos émotions négatives vous apportent-elles quelque chose de positif ?

Pour en revenir à nos émotions, la question était de savoir si ces émotions négatives que vous maintenez en vous vous apportent quelque chose, ou si au final, elles ne se contentent pas juste de vous pourrir la vie et de la rendre plus terne ?

Si vous avez cette impression , comprenez que vos émotions **ne sont pas** des entités dotées d'une conscience qui décident par elles-mêmes de s'accrocher à vous !

C'est VOUS qui les maintenez en vous, même si c'est inconsciemment, mais en comprenant vraiment ceci, vous comprenez aussi que vous avez le choix entre :

- Continuer à les garder en vous
- Accepter de les laisser aller

Selon vous, lequel de ces deux choix sera le plus productif et donnera les résultats les plus joyeux ?

La réponse semble bien sûr évidente, mais **posez-vous la question** quoi qu'il en soit, car c'est le fait de faire cette démarche, de vous interroger réellement à ce sujet qui vous permettra de ressentir en vous comme une évidence le chemin qui sera le plus positif pour vous.

Il n'y a pas de bonne ou de mauvaise réponses, juste les vôtres ! **C'est à vous de décider** de ce que vous voulez vraiment et de la façon juste de vivre votre vie.

Pour ma part, je dirais que la seconde option est celle vers laquelle je veux aller, parce que je pense qu'il n'y a que cette voie qui peut mener à une véritable joie, et à une pleine liberté :-)

Lâcher-prise, qui es-tu ?

Parlons donc du **lâcher-prise** plus concrètement.

Voilà un terme qui revient constamment. Tous les enseignements en développement personnel (moi y compris :-)) parlent de l'importance du lâcher-prise, mais c'est quoi au juste ?

On lâche prise, on laisse aller ce qui nous pèse... C'est bien joli, mais comment on s'y prend concrètement ?

Je me suis posé cette même question pendant longtemps. On peut arriver à cet état de lâcher-prise de tout un tas de façons.

Souvent, quand j'étais confrontée à une situation difficile, je prenais quelques minutes pour **arrêter tout ce que j'étais en train de faire** et je considérais la situation. Ensuite, je soufflais un grand coup pour évacuer les tensions et relâcher cette sorte de crispation dans laquelle je me trouvais, à cause de la situation problématique à laquelle je devais faire face.

Ensuite, je me parlais à moi-même en me disant « ok. **Tu ne peux pas forcer les choses**. Ce n'est pas à toi de décider de l'issue. Tout ce que tu peux faire, c'est **faire de ton mieux** pour avancer dans le bon sens, mais le reste ne t'appartient pas, alors laisse faire ! Laisse aller la peur, laisse aller les inquiétudes, laisse aller le stress, la frustration, etc. »

Là, je prenais le temps de **respirer profondément,** et de ressentir en moi ces paroles, et souvent ça marchait très bien, mais parfois aussi je n'y arrivais pas profondément parce que le stress engendré par la situation était trop grand.

Et la Méthode Sédona arriva... :-)

Et puis il y a quelques temps, j'ai entamé la lecture d'un ouvrage merveilleux qui m'a enfin donné les outils dont j'avais besoin (et qui vous seront sans doute grandement utiles à vous aussi !)

Il s'agit de la **Méthode Sédona**, de Hale Dwoskin (l'un des enseignants apparus dans Le Secret).

Cette méthode est vraiment très simple, et elle est pourtant **extrêmement efficace**.

Son principe est le suivant :

Lorsque vous êtes confronté à une émotion négative, prenez le temps de considérer votre émotion, et posez-vous les questions suivantes :

- **Qu'est-ce que je ressens dans le MOMENT PRÉSENT ?**

Cette première question sert à identifier l'émotion (ou les émotions) et à en prendre vraiment conscience

- **Est-ce que je peux me permettre de l'accueillir / de l'autoriser à être là ?**

En donnant la permission à votre émotion d'être là, vous reconnaissez que c'est **vous** qui avez le pouvoir sur celle-ci, et donc, que vous avez aussi **la possibilité de faire un autre choix** : celui de la laisser aller :-) Plutôt que de vous voir en « victime » de votre émotion, vous reprenez votre juste place et vous ouvrez la porte à d'autres possibilités plus lumineuses

- **Est-ce que je peux la laisser aller ?**

Là, vous vous interrogez sur votre capacité à la laisser partir, vous prenez conscience ici aussi de votre pouvoir personnel. Vous prenez conscience du fait que vous n'êtes nullement obligé de garder en vous cette émotion pesante

- **Est-ce que je veux la laisser aller ?**

Dans la logique des choses, nous souhaitons tous nous libérer de ce qui nous pèse et avoir la possibilité d'avancer **dans la sérénité et la joie**. Mais il se peut aussi que d'autres raisons inconscientes vous poussent à vouloir garder en vous votre émotion, et le fait de faire le point à ce niveau vous aidera à lâcher prise, même si votre réponse devait être un non

- **Quand ?**

Ici, vous déterminez quand vous voulez lâcher cette émotion pesante, et vous prenez conscience du fait que vous pouvez décider de le faire **TOUT DE SUITE** ! Vous n'avez pas besoin de continuer à avancer avec ce fardeau ! Vous avez tout à fait la possibilité de décider ici et maintenant de laisser aller cette émotion et d'être libre.

Ces 5 questions sont le fondement de cette merveilleuse Méthode et en prenant l'habitude de vous les poser **à chaque fois** que vous serez confronté à une émotion négative, vous verrez que vous allez pouvoir lâcher de plus en plus rapidement ce qui vous empêche d'avancer le cœur léger et joyeux, pour accéder à une vie bien plus riche, et attirer à vous par la même occasion des expériences **de plus en plus belles et enthousiasmantes** !

Il est possible que vous soyez sceptique à l'idée que ces simples phrases puissent provoquer un quelconque effet bénéfique et amener ce fameux **lâcher-prise** tant attendu.

J'étais sceptique moi aussi. Et puis j'ai essayé...

Je vous invite à faire de même !

Ne croyez rien de ce qui est écrit ici... Vérifiez-le par vous-même !

Comme Hale Dwoskin le suggère dans son ouvrage, ne croyez rien de ce qui est écrit ici à moins que vous ne puissiez prouver par vous-même que ça fonctionne vraiment. Et le seul moyen de voir de quoi il retourne est de **tester** cette méthode et de voir ce que ça donne pour vous.

Pour chacune des questions énoncées ci-dessus, **répondez toujours par Oui ou par Non**. Ne commencez pas à débattre avec vous-même et à argumenter sur le pourquoi de votre réponse. Donnez simplement votre réponse en fonction de votre ressenti, et que ce soit Oui ou Non, poursuivez en abordant la question suivante .

Laissez vous guider par votre ressenti intérieur, et observez ce qui se passe en vous.

Cette méthode fait vraiment des merveilles, et pourtant, elle est d'une simplicité enfantine !

Mais ne croyez pas ce que je vous dis... **Vérifiez par vous-même** !

Etape N°8 : L'importance de la posture

Petit rappel des exercices proposés jusque-là :

- On abandonne toute critique envers soi-même, y compris celles lancées sur le ton de la plaisanterie. Fini ! Plus de blâme, plus de dévalorisation. On se raisonne soi-même si ça arrive (en douceur et avec bienveillance) et on se rappelle que chacun fait toujours de son mieux en fonction des circonstances du moment. Vous faites de votre mieux, et c'est ça qui compte !

- Vous pouvez également relire régulièrement votre liste des aspects positifs vous concernant, histoire de mettre l'accent sur ces éléments plutôt que de focaliser sur les éventuelles petites choses négatives qui peuvent être ici ou là.

- À chaque passage devant un miroir, un compliment à vous-même en cherchant à ressentir en profondeur le message que vous vous adressez. Cherchez un sentiment de fierté en vous, de joie, et félicitez-vous sincèrement pour chaque petite victoire que vous remportez !

- Prenez soin de votre enfant intérieur. Soit lorsqu'une sensation négative arrive, soit simplement pour consolider votre lien avec cette part de vous. Parlez-lui avec douceur, mentalement ou à voix haute, ça n'a pas d'importance. Soyez bienveillant et plein d'amour pour ce petit enfant que vous étiez autrefois et qui existe toujours en vous. Plus cet enfant intérieur va se sentir aimé et valorisé, plus vous allez vous sentir solide et serein intérieurement. Il suffit de prendre l'habitude de le faire.

A présent, j'aimerais aborder avec vous un autre aspect qui vous aidera à gagner en confiance en vous-même et à vous percevoir d'une façon plus positive.

Si vous observez une personne qui n'a pas confiance en elle-même et qui ne s'estime pas beaucoup, et une autre qui se sent bien dans sa peau et à l'aise avec sa propre personne, que remarquez-vous ?

On peut se rendre compte de la façon dont celui ou celle que l'on observe se sent rien qu'en regardant cette personne, n'est-ce pas ? Pourquoi ?

Eh bien à cause de sa posture, de la façon dont elle se tient.

La posture n'est pas quelque chose d'automatique qui prend forme contre notre volonté. On peut tout à fait choisir de faire bouger son corps différemment et de lui donner une autre posture, par exemple, celle d'une personne qui serait pleine d'assurance et qui s'aimerait elle-même. Et ce qui est magique dans l'histoire, c'est qu'en adoptant une posture différente, vous allez commencer à vous sentir différent aussi.

Je vous propose donc un petit test. Prenez quelques minutes aujourd'hui pour vous placer devant un miroir. Ne cherchez pas à calculer quoi que ce soit, placez-vous devant ce miroir naturellement, comme vous le feriez normalement et observez la façon dont vous vous tenez.

Regardez comment sont vos épaules, votre dos, la position de votre tête, l'aspect général de votre corps.

Ensuite, une fois que vous avez fait ce petit « tour du propriétaire », choisissez délibérément de vous redresser, de sortir vos épaules, de redresser votre tête, comme si celle-ci était attirée vers le plafond. Essayez de détendre vos épaules ensuite, de les décrisper de sorte qu'elles ne remontent pas avec votre tête, mais qu'elles restent à leur place, souples et détendues.

Respirez à fond et bombez le torse. Imaginez que vous avez pleinement confiance en vous, que vous vous sentez merveilleusement bien dans votre corps et votre esprit, ou imitez simplement ce que vous pouvez observer chez une personne pleine d'assurance.

Jouez avec ça quelques minutes et expérimentez. Observez ce qui se déroule en vous, voyez comment vous ressentez ces petits changements et ce que ça provoque comme effet en vous.

Ensuite, je vous propose de commencer à utiliser cet outil quotidiennement pour poursuivre cette transformation intérieure.

Utilisez des post-its si besoin ou faites en sorte de vous rappeler d'utiliser ceci, et entraînez-vous à redresser vos épaules et votre tête, à vous grandir et à sourire aussi beaucoup plus souvent.

Faites le test sur plusieurs jours et voyez simplement ce qui se passe. Faites comme si c'était un jeu de rôle, et investissez pour quelques jours le corps d'une personne qui a pleinement confiance en elle, qui est pleine d'amour et de respect pour celle qu'elle est, juste pour voir.

Je vous mets aussi le lien vers une petite vidéo d'Anthony Robbins qui parle de l'importance de tout ceci, et qui nous explique qu'un tout petit millimètre peut tout changer. C'est ce que je vous propose d' expérimenter ici.

Etape N°9 : Inversez les rôles !

Nous allons à présent continuer à déblayer le terrain pour démonter vos croyances limitantes à votre sujet en inversant les rôles.

Cette fois, je vais vous proposer de faire une liste des éléments que vous pensez insuffisants chez vous ou qui pourraient, selon vous, faire qu'on ne vous apprécie pas ou qu'on ne vous aime pas pleinement. Une fois que l'exercice sera terminé, débarrassez-vous de votre liste et revenez à celle des aspects positifs :-)

Notez les aspects que vous pensez problématiques chez vous, et qui, d'après vous, font de vous une personne de moindre valeur.

Déjà, arrivé à ce stade-là, il y a des chances que de vous-même, vous vous rendiez compte que d'une part, il n'y a pas tant d'éléments « négatifs » à noter, et que ces éléments que vous jugez négatifs ne sont pas nécessairement des arguments qui tiennent la route et qui justifieraient qu'on ne vous aime pas ou qu'on ne vous apprécie pas sincèrement.

Pour aller creuser plus loin dans ce sens, je vous demanderais ensuite d'inverser les rôles.

Imaginez que vous êtes en face d'une personne ayant ces mêmes critères que vous jugez négatifs chez vous (et vous avez forcément autour de vous de telles personnes)

Est-ce que cela pourrait vous faire tourner les talons ou amener chez vous de l'indifférence ou même du mépris pour cette autre personne ?

En somme, est-ce que ces éléments sont si graves que ça, au point que ça pourrait diminuer la valeur d'une autre personne qui a pourtant des tas d'autres qualités et aspects positifs à côté de ces éléments un peu plus « sombres », selon votre point de vue.

Quelles que soient vos réponses, argumentez. Notez sous vos réponses pourquoi, selon vous, ces éléments amènent ou non une réaction de rejet chez vous. Si vous estimez que cela ne changerait rien à vos yeux, argumentez sur le pourquoi, ce qui renforcera votre positionnement et vous permettra de prendre conscience du fait que votre crainte sur ce point ne tient pas la route ; et si vraiment vous estimez que vous pourriez rejeter une personne à cause de l'élément dont il est question, argumentez également sur le pourquoi, sur la raison qui pourrait vous mener là, sur ce que vous ressentiriez ou ce que ça provoquerait chez vous.

Ainsi, vous allez pouvoir identifier la peur réelle qui se cache derrière votre réaction, et démonter de la même façon votre réaction pour la faire tomber en ruine et voir que l'élément négatif en question n'est pas si négatif que ça.

S'il y a des éléments d'ordre physique qui vous posent souci, posez-vous pour commencer les questions suivantes : « Ce que je qualifie de négatif en moi définit-il à lui seul ma valeur en tant qu'être humain ? Est-ce que ce ou ces aspects que je juge négatifs dans mon physique annulent le côté positif de mes qualités, mes bons traits de caractère, mes valeurs, etc. ? Est-ce que j'estime que seul le physique pèse son poids dans la balance lorsqu'on porte de l'intérêt à quelqu'un ? Qu'est-ce qui m'attire chez les autres, qu'est-ce qui me stimule et à quoi je « juge » les nouvelles personnes que je rencontre ? Est-ce que moi-même je définis qu'une personne est intéressante ou non en fonction de son seul physique ? À qui ai-je tendance à me comparer ? Si j'estime ne pas avoir de valeur ou pas suffisamment à cause de mon physique, quelle « norme » est-ce que je pense devoir atteindre pour mériter ma propre estime ? Qu'est-ce qui devrait changer en moi, selon mon ressenti, pour que je puisse m'aimer ? »

Essayez ensuite d'imaginer que votre physique est différent et qu'il cadre avec ce que vous estimez être bien. Pensez-vous réellement que cela suffirait à vous permettre de vous aimer enfin, ou avez-vous plutôt le sentiment que cette focalisation sur un physique « inadéquat », selon votre point de vue toujours, pourrait être une sorte de prétexte inconscient, une « preuve » que vous avez choisie qui vient justifier le fait qu'on ne vous ait pas donné tout l'amour dont vous auriez eu besoin et que vous méritez ?

Demandez-vous si le fait de vous fixer sur votre physique n'est pas une sorte de barrage sur lequel vous auriez projeté ce manque d'amour afin de ne pas avoir à faire face à l'idée qu'on puisse ne pas vous aimer vous, juste pour celui ou celle que vous êtes réellement.

J'entends par là que le fait d'être convaincu que c'est votre physique qui est à l'origine de tous vos maux et des difficultés que vous pouvez rencontrer dans vos relations avec les autres et avec vous-même peut être une « fausse preuve » à vos yeux que ces autres qui ne vous ont pas donné d'amour ont eu raison de ne pas vous aimer, parce que le sentiment d'injustice et la blessure qui pourraient monter en vous s'il n'y avait aucune raison « valable » pour qu'on ne vous ait pas aimé seraient bien trop lourds à porter.

Ce serait comme vous dire alors que celui ou celle que vous êtes réellement, votre essence profonde ne mérite pas d'amour, alors que le fait de vous focaliser sur un physique problématique à vos yeux donne un sens à ce manque d'amour et fait qu'il y a quelque chose qui « justifie » qu'on ne vous aime pas. S'il n'y avait pas cette raison-là, alors qu'est-ce que ça impliquerait pour vous ?

Qu'est-ce que vous ressentez en envisageant cela ?

J'ajouterais également que le fait de vous fixer sur votre physique peut même être un prétexte inconscient pour vous pour ne pas vous autoriser à aimer et à être aimé, parce que vous avez peur de cela tout simplement.

Ce physique soi-disant ingrat justifie alors le fait que vous ne vivez pas une vraie relation ou n'arrivez pas à mettre en place quelque chose de concret, et du coup, ça vous évite d'avoir à prendre le risque d'une chute vertigineuse.

Vous vous placez dans l'impasse vous-même en brandissant la pancarte « on ne peut pas m'aimer à cause de mon physique » parce que si tout était ok de ce côté, vous n'auriez plus aucune « excuse » pour ne pas vivre ce que vous avez au fond vraiment envie de vivre, mais qui vous terrifie pour l'heure.

Là encore, qu'en pensez-vous ?

Autre point à considérer si vos difficultés avec vous-même sont portées sur le plan physique :

Arrivez-vous à accepter l'idée que tous les habitants de notre planète n'aient pas les mêmes goûts, les mêmes attentes, les mêmes aspirations que vous ? Acceptez-vous l'idée que chacun détient sa propre vérité, que ce qui est vrai pour les uns ne le sera pas nécessairement pour les autres et vice versa ?

En partant de là, il paraît évident que si vous ne vous plaisez pas à vous-même, vous pourriez cependant plaire à beaucoup d'autres personnes sur cette Terre et il y en a même beaucoup dans le lot qui vous trouveraient vraiment superbe ! Il ne s'agirait nullement de flatterie intéressée, mais d'un ressenti sincère et bien réel.

Pouvez-vous accepter cela et considérer que les personnes qui pourraient vous trouver magnifique ne soient pas forcément des personnes très laides ?

Qu'est-ce qui définit la beauté selon vous ? Pensez-vous que vos critères à ce sujet soient les critères de tout le monde, ou pouvez-vous concevoir que les autres puissent aimer des aspects très différents de ceux que vous appréciez vous-même ?

Prenez vraiment le temps de vous interroger sur tous ces points, car ils sont essentiels.

Le fait est que les critères qui peuvent vous sembler insuffisants ou problématiques en vous ne seraient pas du tout un problème pour des tas d'autres gens, bien au contraire. C'est simplement une barrière que vous posez entre vous et les autres parce qu'il existe des peurs en vous, et en identifiant ces peurs, vous allez pouvoir travailler dessus et vous en libérer.

Il suffit pour cela de le vouloir. Là encore, demandez-vous si vous avez le réel désir de vous libérer de vos appréhensions. La réponse peut être un non, et si c'est le cas, voyez ce qui vous bloque et posez tout par écrit.

Etape N°10 : La liste de vos victoires !

Je vous propose maintenant un exercice qui a pour but de vous aider à vous focaliser sur du positif et à remettre les choses à leur place quant à ce dont vous êtes capable, vos ressources, vos aptitudes, etc.

Ca va vous aider à vous recentrer sur des tas de choses extrêmement positives que vous avez accomplies et à vous rendre compte que ce manque de confiance et d'estime que vous avez pour vous-même n'est peut-être pas si justifié que ça. En réalité il ne l'est pas du tout, mais la personne qui doit en être convaincue au final, c'est vous :-)

Je vous propose donc de dresser la liste de toutes vos victoires, des plus petites aux plus grandes, et ce, dans tous les domaines de votre vie et d'aussi loin que vous puissiez vous en souvenir.

Il ne s'agit pas seulement de vos victoires professionnelles ou scolaires, mais aussi de tout ce que vous accomplissez au quotidien. Le fait de prendre soin de sa famille, de ses enfants, même de ses animaux de compagnie, le fait d'entretenir son logement, son jardin, de bricoler, d'entretenir votre voiture, votre moto, etc., tout ce qui fait partie de votre vie.

Ce sont aussi des choses positives que vous accomplissez régulièrement, et c'est bien VOUS qui en êtes à l'origine. Le mérite vous revient et il sera important là aussi de remettre les choses à leur juste place plutôt que de dire « Non, ce n'est pas grand-chose / ce n'est rien / c'est normal /etc. »

C'est peut-être normal pour vous, vous estimez peut-être que cela ne mérite pas un merci, une reconnaissance, des félicitations, mais chaque geste que vous posez pour améliorer quelque chose, que ce soit dans votre vie ou dans celle des autres est positif et mérite votre satisfaction et une réelle reconnaissance. Cette reconnaissance ne doit cependant pas venir de l'extérieur, mais avant tout de vous-même.

Si vous avez des difficultés pour faire cette liste, vous pouvez également procéder à l'envers : notez tout ce que vous accomplissez dans la journée, et ensuite, reprenez votre liste et pour chaque élément inscrit, demandez-vous : « Est-ce que ceci améliore mon quotidien ou celui de quelqu'un d'autre ? »

Si la réponse est oui, alors notez cet élément sur votre liste de victoires et reconsidérez le pour le voir tel qu'il est, et non plus comme quelque chose de banal qui ne mérite pas un compliment ou de l'appréciation.

Voyez également tout ce que vous accomplissez d'un point de vue professionnel et qui mène à un résultat positif, aussi minime puissiez-vous penser qu'il soit. Il ne s'agira peut-être que de passer un coup de fil ou de transmettre un message, mais si ces actions cessent d'être accomplies, c'est tout le reste de la chaîne qui va être déséquilibré.

Voyez ceci comme les rouages d'une horloge. Si un seul est manquant, c'est tout le mécanisme qui perd les pédales ! Il en va de même pour vous et les rôles que vous entretenez dans les différents domaines de votre vie.

Tout ce que vous apportez a son importance, et c'est bien vous qui apportez tout ceci. Ça ne pourrait pas se faire sans vous, sans la personne que vous êtes !

Je vous propose également de rajouter sur cette liste de vos victoires tout ce que vous accomplissez de positif et qui ne se voit pas ou qui ne laisse pas de trace concrète pour ainsi dire.

Ca peut être cette bonne parole adressée à un ami en difficulté, le simple fait d'étreindre une personne que vous aimez, cette gentillesse qui émane de vous, votre souhait de tendre la main, d'aider les autres ou n'importe quoi d'autre qui illustre qui vous êtes vraiment et qui va vous permettre de vraiment prendre conscience du fait que vous êtes une belle personne et que vous méritez non seulement l'amour des autres, mais aussi le vôtre :-)

Conservez votre liste là où vous la verrez régulièrement et relisez-la souvent, tout en la complétant au fur et à mesure, car cela va vous aider à vous recentrer sur tout le positif qui existe en vous, qui fait partie de vous et de votre personne, et ça va consolider les bases que vous êtes en train de mettre en place dans cette démarche de changement intérieur.

Etape N°11 : Cesser de se comparer aux autres

Aujourd'hui, je vous propose d'aborder un autre sujet qui est souvent à l'origine de bien des difficultés pour chacun et qui a tendance à enfoncer le clou lorsque notre estime de nous-mêmes n'est déjà pas au top.

Je vous poserai donc une question pour commencer : « Vous arrive-t-il souvent de vous comparer à d'autres ? »

Lorsque vous dites « je ne suis pas assez... » / « je suis trop.. » / « Je suis moins...que... » / « Je suis plus...que... » etc., vous vous comparez et si vous avez tendance à avoir un regard erroné ou pas suffisamment juste sur votre véritable valeur, ces comparatifs risquent de vous maintenir dans cet état d'esprit et de perpétuer ce décalage entre votre véritable valeur et la façon dont vous vous percevez.

Je vous propose donc dans un premier temps de prendre conscience de ces moments où vous vous comparez à d'autres (et il y a des chances que vous le fassiez très souvent parce que dans notre société, c'est plus ou moins un réflexe de constamment se comparer aux autres et de mener une sorte de compétition sans fin avec tous ceux qui nous entourent).

Pour vous aider, vous pouvez vous adresser directement à votre subconscient en lui disant par exemple « je veux prendre conscience de ces moments où je me compare à d'autres ».

Répétez-vous plusieurs fois cette phrase ou mettez-la par écrit car ce sera d'autant plus efficace, et ensuite laissez faire, sans vous placer dans une attente particulière.

Je vous suggère également de noter quelque part les comparaisons que vous aurez repérées histoire de voir quels sont les éléments qui reviennent de façon récurrente.

Le but de la manœuvre sera ensuite de vous recadrer mentalement, à chaque fois que vous allez voir apparaître ce mécanisme. Lorsque vous vous surprendrez à vous comparer à quelqu'un d'autre, que ce soit directement ou indirectement (car dire « je ne suis pas assez bien. » est un comparatif, même s'il est implicite), utilisez votre esprit rationnel et interrogez-vous en vous demandant :

« À qui est-ce que je me compare ? »
« Selon qui ou quoi la personne ou l'élément auxquels je me compare devraient-ils être une référence à égaler obligatoirement ? »
« Même si cette personne à laquelle je me compare possède certaines aptitudes que je n'ai pas présentement, ne me serait-il pas possible de les acquérir moi aussi ? Et n'ai-je pas moi aussi des aptitudes et qualifications, certes différentes, mais précieuses elles aussi ? »

Ensuite, je vous demanderais de bien vous rappeler ceci (écrivez-le quelque part sur un post-it si nécessaire ou faites autre chose pour le garder en vue) :

On ne peut comparer que deux éléments strictement identiques, à 100%. S'il y a un seul aspect différent entre ces deux éléments, la comparaison n'est plus possible puisque la donne serait faussée.

Vous ne pouvez PAS vous comparer aux autres, car nous sommes tous DIFFERENTS les uns des autres, chacun étant unique et possédant ses propres caractéristiques.

Il y a tellement de facteurs à considérer dans une personnalité humaine ou même dans un physique. Il est absolument impossible de comparer deux êtres puisque tout en eux fait de chacun un être unique.

Pouvons-nous nous entendre à ce sujet ?

Prenez vraiment le temps d'y penser et d'examiner la chose, car à partir du moment où vous allez vraiment intégrer l'idée que la comparaison est bancale et que nous sommes tous uniques et différents des autres, votre perception de vous-même va prendre une autre dimension.

Il n'y a rien à comparer, car chacun est tel qu'il est et parfait ainsi. Chacun a sa juste place, a ses connaissances, ses capacités, ses facilités et ses fragilités, et c'est justement le fait que chacun soit différent et unique qui rend les échanges humains aussi riches !

Nous avons la possibilité de choisir de nous entourer de ceux qui auront des caractéristiques compatibles avec les nôtres et de vivre une vie de partages et d'échanges fantastiques !

Si vous vous sentez inférieur à telle personne parce qu'elle possède une compétence que vous n'avez pas, voyez dans un premier temps s'il vous serait vraiment utile d'avoir cette compétence et surtout, si ça vous apporterait quelque chose personnellement de l'avoir.

Ressentiriez-vous plus de joie en possédant vous aussi cette compétence, ou le problème vient-il du fait que vous craignez qu'on vous voie différemment, qu'on vous juge mal, qu'on ne vous apprécie pas ou qu'on ne vous aime pas parce que vous ne disposez pas de cette compétence ?

Le malaise ressenti vient-il de votre souhait de pouvoir faire vous aussi ce que l'autre fait, ou s'agit-il d'une manifestation de votre peur qui vous laisse entendre que sans cette compétence particulière, vous risquez d'être mis de côté ou mal jugé ?

En général, lorsqu'on manque d'estime de soi, tout nous ramène à notre peur de ne pas être considéré de la bonne façon, mais au final, nous avons souvent tendance à nous maintenir nous-mêmes dans des positions qui risquent justement de nous conduire là où nous ne voulons pas aller.

Si vraiment vous estimez que ce quelque chose que l'autre a et pas vous pourrait être bénéfique pour vous, vous pouvez trouver un moyen d'acquérir cette compétence et y travailler, mais il y a des chances que vous trouviez ensuite un autre élément qui représentera un frein, et puis un autre encore et un autre, etc., tant que vous resterez fixé sur l'idée qu'il vous manque quelque chose.

Il ne manque rien à personne en réalité. Chacun est comme il est, juste DIFFERENT des autres, et c'est tout.

Ce que vous pouvez faire, c'est utiliser la méthode de lâcher-prise dont nous avons déjà parlé pour travailler sur ce point.

Considérez ce sentiment de devoir être comme les autres, de devoir rentrer dans un moule, et ensuite, posez-vous les questions suivantes, et répondez-y juste par Oui ou par Non. Quelle que soit votre réponse, passez ensuite à la question suivante et observez ce qui se passe en vous :

« Est-ce que je peux me permettre d'accueillir ce sentiment de devoir être comme les autres (comme tel autre) ? Est-ce que je peux autoriser ce sentiment à être là, en moi ? »

« Est-ce que je peux laisser aller ce sentiment ? Est-ce que j'ai la possibilité de le lâcher ? »

« Est-ce que je veux le laisser aller ? »

« Quand ? »

Expérimentez tranquillement, recommencez plusieurs fois si nécessaire en laissant un peu d'espace entre chaque question.

Pour la première, le fait de vous donner la permission de ressentir ce que vous ressentez plutôt que de considérer ceci comme quelque chose qui ne devrait pas être et donc contre lequel vous luttez, va vous aider à entrer dans le lâcher-prise.

Ensuite, en vous demandant si vous pouvez laisser aller l'émotion, vous prenez conscience du choix dont vous disposez à ce sujet, car une émotion n'est pas une partie de vous, c'est quelque chose qui circule en dehors de vous pour ainsi dire. Vous la ressentez certes à l'intérieur, mais elle n'est pas attachée à vous et vous pouvez choisir de vous en défaire et de la laisser aller.

La question suivante vous invite à vous interroger sur des mécanismes inconscients qui peuvent se cacher sous la façade et faire que vous voulez retenir cette émotion, parce qu'il y a un « bénéfice » secondaire à en tirer. En prenant conscience du fait que vous voulez éventuellement la retenir, vous lâcherez prise aussi. Le fait de répondre Non à cette question ne vous mène pas vers une impasse. Il s'agit simplement de faire un constat de ce qui se passe en vous.

Enfin, le « quand » vous permet de prendre conscience du fait que vous pouvez décider de lâcher votre émotion TOUT DE SUITE , ou pas, **c'est vous qui décidez.**

Disons que ce qui est très intéressant dans ce processus, c'est qu'il nous replace face à notre pouvoir. Au lieu de nous maintenir dans la sensation d'être des victimes de nos émotions, il nous permet de prendre conscience que nous avons parfaitement le choix de retenir ou de laisser aller. À chacun donc de voir ce qu'il veut faire de ses émotions ! Ca vous appartient et quelle que soit votre réponse, c'est Ok de toute façon.

Etape N°12 : Qu'est-ce que le manque de confiance en vous-même vous empêche de faire / réaliser / concrétiser?

Je vous propose à présent un petit travail d'introspection et je vais vous poser une question pour ça :

Selon vous, qu'est-ce que votre manque de confiance, d'estime et d'amour de vous-même vous empêche de faire ou de vivre ?

En gros, quelles conséquences négatives cela peut induire dans votre vie, quelles barrières ça pose sur votre chemin, en quoi ça représente une réelle difficulté pour vous ?

Comme toujours, je vous inviterais à dresser une petite (ou grande) liste écrite avec vos réponses.

Ensuite, pour chaque réponse, argumentez sur le « pourquoi », cherchez les émotions qui se cachent derrière l'élément évoqué.

Si ce manque d'estime de vous-même vous empêche par exemple d'aller vers les autres, allez chercher la véritable raison de cette difficulté que vous rencontrez.

Il pourrait s'agir d'une peur d'être rejeté, de ne pas être accepté, d'être mal perçu, etc.

Si votre regard actuel sur vous-même vous fait douter de votre capacité à atteindre vos objectifs professionnels ou à réaliser un projet qui vous tient à cœur, examinez là encore ce qui se cache derrière vos doutes.

Avez-vous peur qu'on vous considère comme un incapable, qu'on vous dise que vous êtes un raté, ce genre de choses, si jamais vous deviez vous confronter à un échec ? Avez-vous peur de perdre l'amour et l'estime de vos proches ?

Avez-vous peur de ne plus avoir le courage de retenter l'aventure si jamais vous deviez vous confronter à un échec ou essuyer des refus dans vos démarches ?

Qu'est-ce qui vous inquiète réellement au juste ?

Procédez ainsi pour tout élément que vous aurez noté.

Vous remarquerez que c'est toujours la peur qui se cache derrière les obstacles que l'on peut identifier, ou plutôt **imaginer** sur sa route.

Prenez conscience du fait que votre peur n'est pas quelque chose de concret et de palpable, c'est juste de la peur, une émotion qui vous **donne le sentiment** qu'il y a un danger pour vous permettre de vous préparer à une éventuelle difficulté, alors que concrètement, ici et maintenant, tout va bien.

C'est là dessus qu'il sera important de vous recentrer quand vous ressentez de la peur. Rappelez-vous-en et répétez-le intérieurement:

« **Tout va bien ici et maintenant.** Cet élément qui m'inquiète n'existe que dans ma tête, ce n'est pas réel, et je peux choisir de le laisser aller. La peur me sert-elle à quelque chose ? Non ! Elle ne fait que m'embrouiller l'esprit. Attendons simplement de voir, et laissons les choses se faire paisiblement. »

Trouvez la manière juste de le formuler pour que ça résonne en vous et vous pouvez également utiliser le lâcher-prise de cette façon :

Posez-vous la question : Qu'est-ce que je ressens maintenant ? Quelle émotion se manifeste à moi ?

Dans le cas présent, il y a toutes les chances que ce soit la peur que vous allez identifier, mais il est possible également que d'autres émotions apparaissent. Dans ce cas, procédez de la même façon.

Demandez-vous ensuite : Est-ce que je peux me permettre d'accueillir cette émotion ? Est-ce que je peux l'autoriser à être là en moi quelques instants ?

Répondez par Oui ou par Non, sans entrer dans le débat avec vous-même. Contentez-vous d'un Oui ou d'un Non, et quelle que soit la réponse, poursuivez.

Puis : Est-ce que je peux laisser aller cette émotion ? (vous pourrez remplacer « cette émotion » par celle que vous avez identifiée)

Oui / Non

Est-ce que je VEUX laisser aller cette émotion ?

Oui / Non

Quand ?

À vous de voir pour la réponse, mais ne perdez pas de vue que vous avez l'entière possibilité de libérer cette émotion MAINTENANT. L'émotion n'est pas une entité dotée d'une intelligence qui déciderait par elle-même de rester en vous ou non. C'est toujours vous qui décidez soit de la maintenir, soit de la laisser aller, et vous pouvez le faire dès maintenant.

Etape N°13 : Le pardon

Je vous propose maintenant d'aborder le thème du pardon. Cette notion est très importante, car tant qu'il reste de la rancoeur, du ressentiment, de la colère ou d'autres émotions que je qualifierais de bloquantes par rapport à ce qu'on a pu vivre et aux douleurs du passé, on empêche le flot naturel d'amour de circuler.

L'énergie reste comme verrouillée, un peu comme de l'eau qui aurait du mal à s'écouler dans une canalisation bouchée.

Tant qu'il reste des résidus de colère (ou de toute autre émotion qui s'y rattache), on ne s'autorise pas à être soi-même, à laisser parler son cœur, et contrairement à l'apparente sécurité que cela peut sembler nous amener (parce qu'on pense ainsi se blinder contre toute éventuelle nouvelle souffrance), cela crée une douleur d'une autre nature, ça ternit notre éclat naturel et ça nous empêche de profiter pleinement de la vie.

Je vous proposerais donc pour commencer de prendre un peu de temps pour réfléchir et voir s'il reste en vous du ressentiment ou des émotions négatives par rapport à certaines personnes ou situations, qu'il s'agisse de quelque chose de lointain dans le temps ou de plus proche.

L'idéal sera comme toujours de faire une liste de ces personnes ou situations pour lesquels vous éprouvez encore de la colère, ou de la rancoeur, que ce soit en grande ou en petite quantité.

Ensuite, je vais vous parler d'une technique très simple pour travailler sur le pardon, et qui est très efficace et libératrice dans bon nombre de cas.

La technique proposée aujourd'hui est celle partagée par Olivier Clerc dans son livre « Le don du pardon » qu'il a expérimenté avec Don Miguel Ruiz, auteur de « Les 4 accords toltèques ».

La démarche qu'il propose peut sembler surprenante, voire incohérente au premier plan, mais en allant creuser un peu plus loin, on se rend compte à quel point elle est juste.

Le but de la manœuvre n'est pas d'accorder son pardon à ceux dont on estime avoir été les victimes, mais au contraire, de demander pardon à ceux contre qui on éprouve du ressentiment, pour leur avoir fermé notre cœur et empêché ainsi le flot d'amour qui s'écoule naturellement à travers nous de circuler librement.

En fait, cette démarche ne concerne pas vraiment l'autre, mais juste soi-même.

Quand nous sommes en colère contre quelqu'un, que nous ruminons et continuons d'entretenir du ressentiment, qui souffre dans l'histoire ?

C'est l'autre? Celui qui nous a blessé, contrarié ou peiné ? Ou c'est nous ?

Notre colère et notre amertume ne changent rien à la vie de l'autre. Il ne ressent pas ces émotions négatives et cette projection faite contre lui ne nous permettra pas non plus de « faire justice » ou de réparer ce qui a été brisé.

Par contre, de notre côté, en restant dans la rancoeur et la souffrance, nous sommes dans une énergie on ne peut plus négative, nous avons le cœur lourd, nous sommes agités, irritables, parfois tristes aussi, et cela ternit notre joie de vivre naturelle.

Si vous décidez de lâcher prise, de laisser aller ces émotions négatives, c'est votre cœur à vous qui va guérir, votre lumière intérieure qui va revenir en force et se déployer, et c'est donc à vous que vous offrez le plus beau des cadeaux.

Le but de cette démarche n'est pas de passer l'éponge sur des faits douloureux que nous avons pu subir et de devenir le meilleur ami de celui qui nous a blessé. C'est simplement de cesser de se priver d'une joie pourtant accessible, d'une vie plus harmonieuse et de cette paix intérieure à laquelle nous aspirons tous.

C'est un cadeau qu'on se fait à soi.

Le processus est le suivant : une fois la liste de toutes les personnes pour qui nous éprouvons encore des émotions négatives dressée, on fait le calme en soi, et on visualise le visage d'une première personne.

On se replace ensuite intérieurement dans le contexte qui a engendré la douleur en nous, on permet à nos émotions négatives de se manifester. Il n'est pas question de chercher à se complaire là-dedans, mais simplement de rendre accessibles ces émotions pour qu'on puisse les libérer.

Ensuite, une fois qu'on se sent prêt, on s'adresse intérieurement à l'autre en lui disant :
« Je te demande pardon. »

N'oubliez pas : vous demandez pardon parce que vous avez fermé votre cœur, que vous vous êtes placé dans la retenue et avez fermé la porte, pas parce que vous estimez avoir fait quelque chose de mal.

Il ne s'agit pas d'un pardon de « culpabilité » pour ainsi dire, mais d'un pardon demandé dans l'humilité et la simplicité. Cela fait appel à votre nature profonde et va vous aider à ouvrir votre cœur à nouveau (aux autres, mais aussi et surtout à vous-même :-))

Une fois que vous sentez que c'est OK par rapport à cette première personne, vous pouvez procéder de la même façon pour la suivante. Vous n'avez pas besoin de passer en revue toutes les personnes de votre liste en une seule fois. Allez comme toujours à votre rythme, tranquillement, et suivez votre petit guide intérieur.

Ensuite, une fois cette partie achevée, l'étape suivante consiste à demander pardon au diable (qui représente symboliquement toutes les sources négatives qu'on accuse bien souvent de nos malheurs, comme la malchance, les autres, le destin, etc.). En demandant pardon à cette cible extérieure qui nous pousse à éviter de prendre nos propres responsabilités, on libère encore une fois son cœur, on remet les choses à leur juste place, et l'énergie peut reprendre petit à petit son mouvement naturel.

De la même façon, on demande ensuite pardon à Dieu (qui représente cette fois la force supérieure en laquelle on croit, quel que soit le nom qu'on lui donne. Il peut s'agir de l'Univers, la nature, la vie, etc.) pour l'avoir tenu pour responsable bien souvent là aussi de toutes les difficultés rencontrées dans notre vie.

Il vous est sans doute arrivé au cours de votre existence de regarder le ciel en vous disant « Mais qu'est ce que j'ai fait de mal au juste ? », en ressentant de l'injustice, comme si vous estimiez être puni par la vie. Ce n'était pourtant pas le cas. En demandant pardon à cette force supérieure en laquelle on croit, on libère son cœur un peu plus encore.

L'étape ultime du processus consiste à se demander pardon à soi-même, ce qui peut être la phase la plus délicate dans l'histoire et c'est précisément pour ça qu'elle est la dernière étape de ce cheminement, les autres étapes permettant de préparer le terrain et de lâcher les tensions et crispations présentes en nous pour atteindre le pardon à soi-même.

Cherchez à ressentir de tout votre cœur cette demande de pardon que vous vous adressez et laissez les choses se faire.

Si ce processus peut vous sembler difficile parce qu'il remue beaucoup de choses en vous, ne baissez pas les bras pour autant, et réessayez, recommencez plusieurs fois, à votre rythme et voyez ce que ça donne pour vous.

C'est un outil supplémentaire à utiliser avec votre panoplie qui vous aidera à retrouver le chemin de votre nature véritable et à vous autoriser à vous aimer vous-même.

Je vous suggérerais également de combiner cette technique à la méthode Sédona. Si vous remarquez qu'il y a de lourdes émotions qui surgissent face à l'une ou l'autre des personnes de votre liste, vous pouvez faire le lâcher-prise par rapport à ces émotions, et quand vous vous sentez prêt, passer à la demande de pardon.

La clé de ce processus est de comprendre que vous demandez pardon pour avoir fermé votre cœur et vous être ainsi éloigné de votre nature véritable. Ça ne concerne pas l'autre (bien que ça puisse avoir aussi un impact bénéfique sur votre lien avec l'autre) mais seulement vous.

Vous pouvez utiliser ceci aussi bien pour des rancoeurs subsistantes par rapport à des vivants qu'à des morts. Le fait que ceux contre qui vous vous sentez en colère ne soient plus là ne change rien à l'efficacité de ce processus.

Etape N°14 : S'autoriser à être soi-même

Je vous propose pour continuer un petit travail d'introspection et je vous poserais pour ça une question :

Avez-vous le sentiment d'être vous-même ?

Que l'on pourrait aussi tourner de cette façon : Avez-vous le sentiment de vous autoriser à être vous-même ?

Il y a toutes les chances qu'à cette question, vous répondiez oui dans certains cas de figure et non dans d'autres. Par exemple, vous pourriez avoir tendance à vous autoriser à être vous-même dans le domaine professionnel, et à ressortir une panoplie de « masques » lorsque vous êtes en situation amoureuse.

Identifiez dans un premier temps ces moments où vous avez le sentiment de laisser parler votre nature profonde et ces autres moments où vous avez l'impression de devenir différent de celui ou celle que vous êtes réellement, où vous avez l'impression d'endosser une carapace, où vous vous sentez vulnérable, etc.

Comme toujours, je vous invite à tout noter par écrit, ce qui facilitera les choses.

Une fois que vous avez repéré ces moments où s'opère cette sorte de bascule, essayez de définir ce qui change dans ces différentes situations.

Quelles sont les émotions qui se manifestent d'un côté et de l'autre ? Quels changements ressentez-vous au niveau de votre état intérieur ? De quoi avez-vous peur dans ces moments où vous avez tendance à sortir votre masque ?

Notez tout ce qui vous traverse l'esprit, car plus vous allez explorer ces mécanismes, mieux vous allez pouvoir repérer l'origine de certains nœuds et plus facilement vous pourrez donc vous en défaire.

Etape N°15 : Votre définition de la perfection

Je vous propose maintenant de faire le point sur votre définition de la perfection.

Puisque vous manquez sans doute d'estime pour vous-même, ou cherchez en tout cas à renforcer cet aspect, et que vous ne vous voyez donc pas dans toute votre richesse et votre valeur, qu'est-ce qui devrait changer selon vous, pour que vous puissiez avoir à vos yeux cette valeur que vous pensez ne pas avoir ?

Quelle est votre définition de la perfection ou d'une belle et bonne personne ?

Et une fois que vous aurez clarifié ce point, je vous demanderais d'où vous tenez ce modèle de ce qui est bien ? Essayez de revenir en arrière et de voir quelles ont été les sources d'influence qui ont pu vous laisser entendre qu'il fallait être comme ci ou faire comme ça pour être qualifié de bonne personne.

Il y a toutes les chances que vos parents ou les personnes ayant été le plus souvent auprès de vous durant votre enfance soient impliqués dans l'affaire.

En tant qu'enfant, nous avons tendance à tout prendre au premier degré et à absorber la parole de nos parents comme étant une sorte de vérité absolue et immuable.

Tout petits, nous leur accordons notre pleine confiance. En fait, il ne nous viendrait même pas à l'esprit que nos parents puissent se tromper et encore moins mentir.

C'est donc à ce niveau qu'on peut aller faire du nettoyage pour remettre les choses à leur place et pouvoir repartir sur de nouvelles bases.

Comprenez que nos parents n'étaient pas nécessairement des êtres parfaitement équilibrés, heureux, et libres de tout schéma erroné. Ils ont eux-mêmes traversé des épreuves, vécu parfois de lourdes souffrances et fait de leur mieux en fonction des circonstances du moment.

Ceux qui ont traversé la guerre, que ce soit de près ou de loin, ont vécu des traumatismes importants et ça a laissé des traces également.

Essayez quelques instants d'inverser les rôles et de vous mettre à leur place, non pas pour valider certaines attitudes chez eux qui ont pu être difficiles ou même dévastatrices pour vous, mais simplement pour essayer de comprendre en changeant de point de vue, ce qui vous permettra de briser le côté réel et solide de ce que vous avez reçu d'eux et que vous avez adopté comme étant la vérité à votre sujet **alors que ça ne l'était pas.**

Le fait est que ce qui est vrai pour les uns ne l'est pas forcément pour les autres, et réciproquement. On ne sait jamais vraiment de quelle façon les propos d'un autre doivent être entendus, car on ne peut qu'interpréter de l'extérieur, en fonction de son propre modèle du monde.

Il est possible aussi que vos parents ou vos proches aient exprimé des choses très blessantes à votre sujet, mais sans pour autant le penser réellement.

Vous est-il déjà arrivé d'être extrêmement fatigué, au bout du rouleau ou dans un état d'esprit très sombre en fonction des difficultés traversées à ce moment-là et de vous en prendre involontairement à quelqu'un qui vous était cher ?

Ce genre de choses peut arriver à tout le monde. De nos jours, nous sommes beaucoup plus tournés vers la dimension psychologique des rapports humains, et nous prêtons souvent plus attention à ce qu'on dit ou à ce qu'on fait, parce qu'on a conscience des dégâts immenses que de simples paroles peuvent causer, mais en remontant les générations, nos ancêtres n'avaient pas cette perception et ne se rendaient pas compte de la violence de certains de leurs mots.

Ils ont pu réagir impulsivement, sans réfléchir, en « pétant un plomb » par rapport à leurs propres difficultés, mais ce n'est pas pour autant que leurs paroles reflétaient leur vérité intérieure ou la vérité tout court.

Je vous inviterais donc à identifier ce qui a pu vous blesser à ce niveau, et ensuite, jouez les médiateurs auprès de votre enfant intérieur, pour lui expliquer tout ceci et faire en sorte de l'apaiser et de commencer à démonter les schémas négatifs en place pour les inverser.

C'est un exercice qui se déroule avec les deux parties de votre être : d'un côté l'adulte et son esprit rationnel qui va expliquer, démonter et inverser les schémas négatifs, et de l'autre, l'enfant intérieur et ses blessures émotionnelles qui va recevoir cette nouvelle version de la réalité et qui va entamer le processus de guérison.

Allez à votre rythme, en douceur, et commencez par le morceau qui vous semble le plus accessible, soit celui qui vous blesse le moins.

Etape N°16 : Fixez-vous des objectifs raisonnables

Ce que je vous propose pour continuer, c'est de définir la façon dont vous vous positionnez face à vous-même lorsqu'il s'agit de viser de nouveaux objectifs.

Quand vous désirez amener un changement dans votre vie, que ce soit quelque chose de petit ou de grand, de quelle façon avez-vous tendance à cibler vos objectifs ?

Avez-vous l'habitude d'y aller par étape, en douceur, tranquillement, ou avez-vous plutôt tendance à viser haut, à vouloir immédiatement atteindre le sommet, ou à aller en tout cas très vite en besogne ?

Essayez de trouver des exemples dans votre expérience concrète qui vous permettront de voir comment vous fonctionnez à ce sujet.

Il y a une image que j'aime donner à ce sujet et qui est plutôt parlante : si vous voulez gravir une montagne et que d'en bas, vous regardez le sommet et tous les pas qu'il y a à faire pour accéder à ce sommet, il y a toutes les chances que vous vous sentiez découragé et même que vous ayez envie de faire rapidement demi-tour, avant même d'avoir entamé quoi que ce soit.

Si vous décidez par contre de commencer à marcher, en vous concentrant sur le pas que vous êtes en train de faire là maintenant, et en ne vous préoccupant pas du pas suivant avant d'avoir achevé le précédent, vous avancerez bien plus vite et bien plus facilement que ce que vous auriez pu imaginer lorsque vous regardiez le sommet de cette montagne.

Quand notre estime de nous-mêmes est fragile, le fait de viser des sommets ou en tout cas des points d'ancrage qui nous semblent difficiles à atteindre va avoir tendance à nous faire partir perdants d'avance.

Avant même d'avoir entamé quoi que ce soit, nous nous sentirons déjà mal et nous ressentirons intérieurement qu'il sera très difficile d'y arriver, ou alors qu'on n'y arrivera carrément pas. Pourtant, le chemin réel ne serait pas nécessairement aussi difficile, mais ce sont les projections que nous faisons, en fonction de ces capacités personnelles dont on doute, qui nous font imaginer que ce sera difficile ou impossible, et notre réalité concrète reflétera inévitablement cet état intérieur.

Nous croyons peut-être qu'il nous manque quelque chose pour y arriver, nous pensons ne pas détenir les ressources qu'il faut pour atteindre nos objectifs, mais il ne s'agit que de notre perception des choses, à travers le filtre de nos croyances. Ce n'est pas pour autant la réalité des choses.

J'ajouterais également que nous pouvons aussi avoir tendance à saboter nous-mêmes nos plans en visant trop haut ou en allant trop vite, de sorte que nous tentions d'atteindre directement certains points qui ne sont pas encore accessibles (alors qu'ils le seraient en franchissant certaines étapes intermédiaires), et du coup, notre échec va venir valider l'idée que nous nous faisons de nous-mêmes au départ, enfonçant le clou un peu plus.

Si à la place, nous choisissons de décortiquer le parcours étape par étape, en abordant des morceaux plus faciles, de façon progressive, tout se mettra en place naturellement, tout se déroulera de façon fluide et nous n'aurons pas de réelles difficultés à atteindre nos objectifs.

Voyez donc dans un premier temps comment vous avez tendance à vous positionner de ce côté, et ensuite, voyez de quelle façon vous pouvez diviser le chemin à faire pour atteindre vos différents objectifs de façon à progresser plus en douceur, et de sorte que les étapes à franchir ne soient plus source d'inquiétude pour vous.

Si vous visez des objectifs plus raisonnables, vous ressentirez intérieurement que ces objectifs ne seront pas très difficiles à atteindre, ce qui va vous motiver et vous encourager à avancer.

En voyant que tout se passe bien, vous allez gagner en confiance en vous et il vous sera alors de plus en plus facile d'évoluer et d'aller viser toujours plus haut, selon vos propres aspirations :-)

Etape N°17 : N'en faites pas une affaire personnelle

Je vous propose à présent d'utiliser ce fameux jeu de miroir qu'il y a entre les êtres pour identifier les éléments qui vous bloquent ou qui vous empêchent d'accéder à votre nature profonde.

Nous allons utiliser pour ça le renversement proposé par Olivier Clerc du second accord toltèque de Miguel Ruiz qui dit « N'en faites pas une affaire personnelle ».

Miguel Ruiz nous dit par là que lorsque les autres ont des réactions négatives à notre égard, nous ne sommes pas réellement concernés. C'est quelque chose qui se passe en eux et qu'ils ne font que projeter sur nous. En somme, c'est leur problème, pas le nôtre. Le fait de ne pas en faire une affaire personnelle et de ressentir intérieurement que nous n'avons rien à voir avec l'attitude négative de l'autre nous permet de nous en détacher et de ne pas en subir de conséquences négatives dans notre ressenti intérieur.

Il nous dit aussi que nous fonctionnons finalement sur un mode très égocentrique où nous avons tendance à tout ramener à nous. Quand quelqu'un est agressif, on a tendance à se demander ce qu'on lui a fait au juste, alors que sa colère n'a probablement rien à voir du tout avec nous.

Le fait de ne pas en faire une affaire personnelle nous permet donc de garder notre cap et de maintenir notre sérénité naturelle en n'étant plus affectés par le négatif qui vient des autres.

Olivier Clerc de son côté nous propose d'utiliser au contraire le négatif qui peut émerger en nous pour identifier les schémas encore problématiques en nous.

Par exemple, si quelqu'un vous traite de minable et que ça vous affecte profondément, voyez là dedans que c'est précisément parce que **vous vous percevez vous-même** comme minable que ça vous affecte, et c'est donc une piste qui vous est offerte pour que vous puissiez travailler sur vos fragilités et vous en libérer.

Si vous aviez déjà une estime de vous-même suffisante, le fait que quelqu'un d'autre dise du mal de vous glisserait sur vous et ne vous affecterait pas le moins du monde.

La réaction négative engendrée n'a donc pas de réel rapport avec l'autre, ce qu'il dit ou ce qu'il fait, mais a au contraire tout à voir avec vous, ce que vous pensez et ressentez à votre sujet.

Je vous propose donc de prêter attention d'une part aux réactions négatives qui peuvent survenir en vous durant les prochains jours et de noter ce qui a enclenché cette réaction négative, et d'autre part de chercher à identifier des situations du passé qui ont généré le même impact négatif et de voir quelle a été l'origine de ce malaise en vous. Notez tout et inscrivez à côté à quoi cela fait écho en vous, à quelles croyances erronées ça peut vous ramener, à quels jugements que vous émettez vous-même ça se rapporte, etc.

Etape N°18 : Ne prêtez pas d'intentions aux autres

Je vous propose ici d'aborder un point qui est souvent à l'origine de bien des souffrances et de bien des conflits aussi. Quand on manque d'estime de soi, cet aspect est d'autant plus accentué, car toute notre réalité se montre à travers le filtre de nos doutes et de notre regard erroné sur qui nous sommes.

Nous avons tous tendance à prêter des intentions aux autres, à « penser qu'ils pensent » telle ou telle chose, à affirmer même qu'ils réagissent de telle façon pour telle raison, etc.

Nous nous convainquons nous-mêmes que c'est la réalité des choses, alors que concrètement, on ne sait pas ! Il est important de ne pas perdre de vue que nous avons tous un mode de fonctionnement différent et que chacun est unique.

Bien sûr, nous allons retrouver dans notre façon d'être ou notre parcours un certain nombre de similitudes avec la façon d'être ou le parcours d'autres personnes, mais le fait est que nous sommes une sorte d'assemblage géant de tout un tas d'aspects piochés chez tout un tas de monde. Nous aurons parfois l'impression de suivre exactement le même parcours que d'autres, mais ce n'est que le fait de prêter attention aux similitudes qui nous pousse à nous focaliser là-dessus et à ne pas voir tout ce qui est différent.

Dans le cadre d'un manque d'amour et d'estime de soi, il arrivera régulièrement qu'on ait le sentiment que d'autres nous regardent de travers, que d'autres ne nous apprécient pas ou encore que d'autres ont des intentions négatives à notre égard.

Par exemple, on va croiser un collègue de travail au bureau qui va tout juste nous saluer de façon froide ou désagréable, ou qui va même nous présenter un visage fermé, sourcils froncés, etc.

Parce qu'on entretient un regard erroné sur qui nous sommes et sur notre valeur, nous allons interpréter cette attitude comme étant le signe que ce collègue ne nous apprécie pas, et peut-être même qu'il ne peut carrément pas nous voir en peinture, mais en réalité, il y a mille autres raisons qui pourraient avoir engendré cette scène.

Le collègue en question vient peut-être d'avoir une grosse prise de tête avec le patron ou un autre collègue. Il pourrait aussi s'être cassé la figure en plein milieu d'une réunion et avoir subi les moqueries ou les remarques désagréables des autres participants (qui sait?!), il pourrait avoir eu un coup de fil de son garagiste lui annonçant que les réparations de sa voiture vont lui coûter beaucoup plus cher que prévu, et du coup, il va devoir annuler ses vacances sous le soleil pour pouvoir régler cet imprévu, etc.

Ce sont là quelques possibilités, mais il en existe en fait une infinité qui n'ont absolument rien à voir avec nous.

Nous avons l'habitude de fonctionner sur un mode plutôt « égocentrique » dans le sens où on ramène tout à soi, comme si nous étions le centre du monde et que toute la frustration, la colère ou le mal-être des autres avaient un quelconque rapport avec nous, mais ce sentiment ne fait que refléter nos propres peurs et n'a absolument rien à voir avec la réalité des choses :-)

Je vous proposerai donc à présent d'identifier des situations où vous êtes dans le doute et dans les suppositions, où vous avez tendance à élaborer toutes sortes de théories sur le pourquoi de la réaction d'un ou d'une autre, sur les causes possibles de certaines situations négatives.

Voyez où vous avez tendance à vous poser mille questions et ensuite, prenez quelques instants pour vous poser, pour vous recentrer sur vous-même, et pour prendre conscience du fait que... **en réalité vous ne savez pas de quoi il retourne !**

Voyez que vous ramenez tout ceci à vous à cause de vos propres schémas et de vos craintes, mais qu'en réalité, tout un tas d'autres facteurs pourraient expliquer la situation et les réactions de ces autres.

Le but du jeu est donc de cesser progressivement de prêter des intentions aux autres, de sortir de ce piège où on cherche à interpréter l'attitude ou les paroles d'un autre, alors qu'on ne se trouve pas dans sa tête et qu'on ne peut tout simplement pas savoir de quoi il retourne vraiment.

Le meilleur moyen d'éclaircir la chose est de poser directement des questions, de communiquer ouvertement avec l'autre pour savoir ce qui se passe en lui et éviter ainsi toute interprétation qui ne ferait que correspondre aux schémas présents en soi, et qui ne serait sans doute pas cohérente avec la réalité des choses et les intentions effectives de l'autre.

J'ai eu envie de vous proposer ce thème qui fait partie du livre « Les 4 accords toltèques », car il s'agit vraiment d'un des points sensibles lorsqu'on manque d'estime de soi qui est source d'énormément de malentendus et de toute sorte d'autres difficultés.

En sortant petit à petit de ce mode de fonctionnement, on se libère, on s'ouvre aux autres et on apprend le détachement, ce qui ne pourra que nous faire évoluer plus rapidement vers la concrétisation de nos objectifs.

Etape N°19 : Laissez vous le temps d'avancer

Dans mes ateliers ou en consultations privées, je remarque que le fait de prêter des intentions aux autres ressemble à un grand défi pour beacoup de gens et je m'inclue dans le « beaucoup de gens » parce qu'il est vrai que c'est difficile, en fonction de ce que nous ont enseigné la société et nos ancêtres.

L'important, c'est de faire de son mieux pour sortir petit à petit de cette spirale. On ne peut pas passer du jour au lendemain de notre fonctionnement habituel qui nous fait interpréter l'attitude des autres en fonction de nos propres filtres à un autre fonctionnement parfaitement détaché et serein qui nous permet de rester neutre en toutes circonstances.

Prenez quelques instants pour vous poser et demandez-vous si vous pourriez vous autoriser à ne pas y arriver de suite et à ne pas y arriver non plus parfaitement dès les premiers essais ?

Est-ce que c'est Ok pour vous de vous laisser le temps de vous entraîner et de tester cette nouvelle façon de considérer les autres et leur positionnement ?

Si vous vous autorisez à ne pas y arriver immédiatement, vous allez faire retomber cette pression que vous vous mettez tout seul sur les épaules et il vous sera d'autant plus facile d'atteindre votre objectif.

Je vous propose donc de faire un petit test pendant toute une semaine. À la fin de chaque journée, prenez quelques minutes pour repenser à ce qui s'est passé ce jour. Ensuite, essayez d'identifier les moments où vous avez eu tendance à interpréter l'attitude d'une autre personne, où vous avez fait des suppositions, où vous avez peut-être jugé quelqu'un en lui prêtant certaines intentions, alors qu'au fond, vous ne savez pas vraiment de quoi il retourne. Si vous ne trouvez rien au cours de la journée qui vient de s'écouler, vous pouvez travailler à partir de faits passés, ça ira aussi pour tester ce processus.

Ensuite, quand vous avez identifié une situation particulière, utilisez votre esprit rationnel pour remettre les choses à leur place.

Commencez par prendre conscience du fait que cette « étiquette » que vous collez sur l'autre ne correspond peut-être pas à la réalité, mais n'est sans doute qu'une interprétation personnelle de celle-ci, en fonction de vos propres peurs ou blessures.

La clé ici est de ne plus prendre pour soi les réactions négatives des autres, mais de comprendre plutôt que ces autres ne font que projeter sur nous leurs propres états émotionnels. Comme nous l'avons vu, si ça nous pique, c'est parce que ça fait écho à certains schémas en nous, certains schémas liés à des blessures du passé ! La douleur ne se manifeste pas par rapport à ce qui se passe réellement, mais plutôt par rapport à ce qui s'est passé AVANT.

Voyez que chaque situation désagréable vous offre l'occasion de vous pencher sur ces blessures non guéries pour que vous puissiez vous en libérer une bonne fois pour toutes.

Apprenez à laisser le bénéfice du doute aux autres. Plutôt que d'interpréter l'attitude des autres en définissant qu'il ou elle a fait ceci parce que... [notre **croyance** personnelle à ce sujet] on peut choisir d'admettre que l'autre a ses raisons d'avoir agi comme il l'a fait et que cela n'a en réalité rien à voir avec nous.

Prenez le temps de réfléchir à ces différents points lorsque vous identifiez des moments où vous prêtez des intentions aux autres et menez une sorte de débat avec vous-même jusqu'à ce que vous ressentiez intérieurement un détachement par rapport à cette situation.

En fait, le débat se déroule entre votre Ego et votre vrai Moi. L'Ego prend tout pour lui, comme s'il était quelque part le centre du monde et que tout tournait autour de lui, alors que le vrai Moi sait que la vérité est bien différente et que chacun agit comme il le fait en fonction de ses propres schémas et non dans le but de nous blesser d'une quelconque façon.

Etape N°20 : Se libérer de nos attachements

Nous allons aborder à présent une technique simple mais efficace, permettant de sortir de nos attachements.

Il s'agit de la technique des petits bonshommes allumettes de Jacques Martel, extrait de son livre : « Atma, le pouvoir de l'amour ».

Le but est de se défaire des liens d'attachement qui existent entre nous et les autres, ou entre nous et une situation particulière, entre nous et un état émotionnel, etc.

Dans ses vidéos, Jacques Martel nous explique que l'attachement n'est pas de l'amour. L'amour, le vrai, est celui qui rend libre, pas celui qui retient. Lorsque nous sommes dans l'attachement, nous sommes en réalité dans la peur et c'est comme si nous cherchions d'une certaine façon à contrôler l'autre ou la situation.

Quand on se défait de l'attachement, il n'y a plus de peur, et on peut alors laisser notre véritable nature s'exprimer, celle qui est dans l'amour inconditionnel.

Cet exercice peut aussi bien être fait par rapport à une personne qu'on aime que par rapport à une personne avec qui nous sommes en conflit, pour se dégager de nos attachements, de nos besoins, qu'ils soient conscients ou inconscients.

Les résultats peuvent se faire ressentir très vite ou être un peu plus longs à venir, mais il y en aura de toute façon.

En testant la méthode de mon côté, je l'ai trouvé non seulement amusante à mettre en pratique, très simple, rapide à faire aussi, mais surtout efficace. Je vais donc vous expliquer les différentes étapes du processus ici et vous encourage vivement à essayer, pour toute situation que vous aimeriez améliorer ou apaiser. Vous pouvez vous faire une liste de différents éléments sur lesquels vous souhaitez travailler et aborder ensuite un point après l'autre avec cette technique.

Il n'y a pas besoin de tout faire d'un coup. Rien ne vous empêche de l'utiliser ponctuellement ou quand vous en ressentez le besoin ou l'envie.

On peut travailler sur tout un tas de sujets avec cette méthode, aussi bien sur nos liens avec les autres que sur des situations matérielles ou immatérielles. On peut également utiliser cette méthode pour se libérer de l'attachement que nous avons par rapport à une personne située à l'autre bout de la planète ou même décédée. Le temps et l'espace n'ont pas d'importance. C'est quelque chose qui se passe en vous, et cet exercice permet en quelque sorte d'adresser un message à son subconscient, qui va ensuite se charger du reste.

Voilà pourquoi il est important de procéder sur papier, car le subconscient enregistre 90% de ce que nous mettons à l'écrit (d'où l'importance aussi de faire les autres exercices, de poser vos intentions et de faire vos listes de cette façon :-))

Allons-y !

Etape 1

Dans un premier temps, définissez la personne ou la situation par rapport à laquelle vous désirez travailler. Pour nos exemples, nous allons démarrer avec une autre personne.Je vous expliquerai ensuite comme faire s'il s'agit d'une situation concrète ou d'un autre aspect par rapport auquel vous voulez vous défaire de votre attachement.

Ensuite, prenez une feuille et de quoi dessiner, et commencez par vous représenter vous, à travers un petit bonhomme « allumette », ces dessins que l'on faisait tous quand on était petits. Inscrivez en dessous de votre personnage votre prénom et l'initiale de votre nom de famille.

(J'ai mis ici à contribution mon grand talent artistique pour vous faire une démo :-))

Etape 1 - On se dessine soi-même

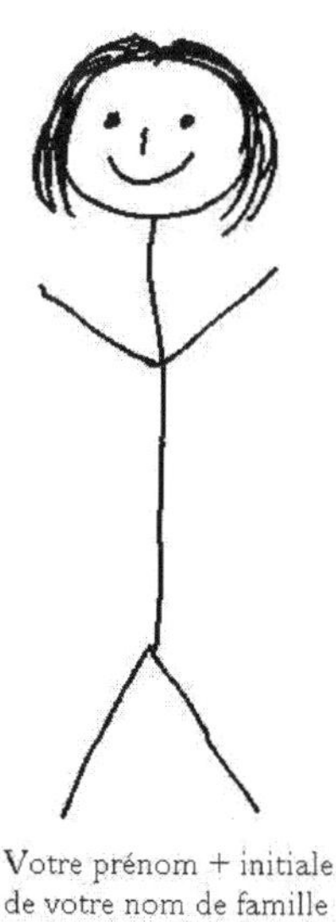

Etape 2 :

Ensuite, la seconde étape consiste à dessiner l'autre personne de la même façon et à inscrire son nom et l'initiale de son nom de famille là aussi, afin de bien identifier l'autre pour votre subconscient.

Vous pouvez faire cet exercice aussi bien pour un conjoint, un ami, un parent, un enfant ou toute autre personne qui vous entoure. Je rappelle que ce type de travail est utile pour se défaire de l'attachement (qui est régi par la peur) aussi bien quand on a de bons rapports avec quelqu'un que lorsque nous nous retrouvons confrontés à des difficultés, des tensions, etc.

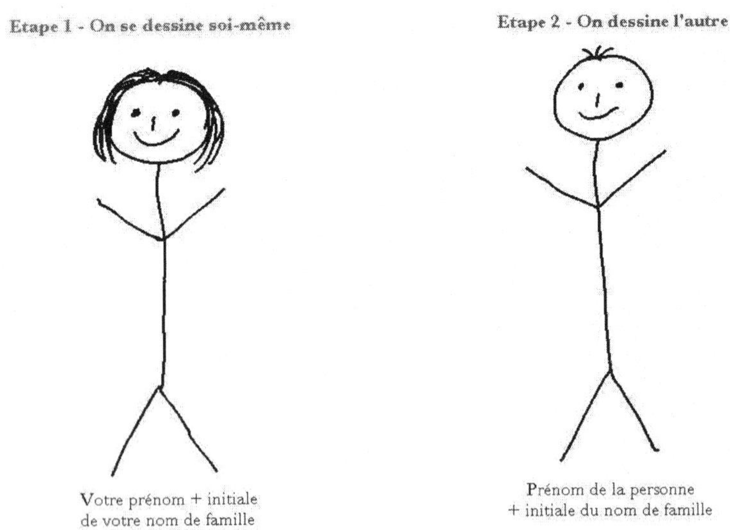

Etapes 3 et 4 :

Une fois nos deux personnages dessinés, on trace une bulle de lumière autour de soi tout d'abord, puis autour de l'autre. Cette bulle de lumière signifie qu'on veut ce qu'il y a de meilleur pour soi et ce qu'il y a de meilleur pour l'autre. Ce meilleur ne sera pas nécessairement identique de part et d'autre. Il ne nous appartient pas d'en décider. On se positionne ici dans l'amour quoi qu'il en soit, en souhaitant ce qu'il y a de mieux pour soi et pour l'autre.

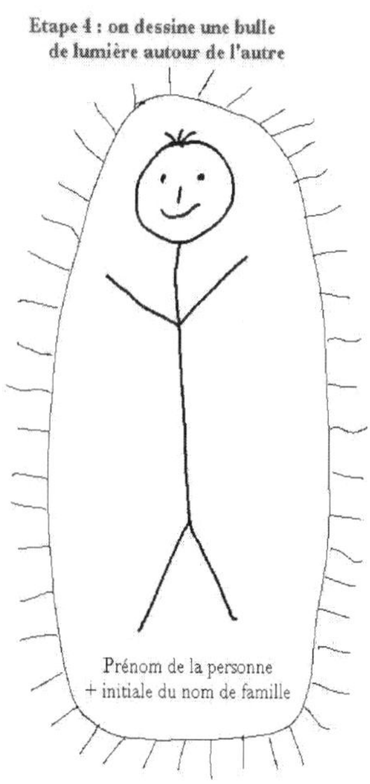

Etape 5 :

Maintenant que nos bulles de lumière sont tracées autour de chacun, on en trace une nouvelle qui englobe les deux personnages, pour signifier ainsi qu'on veut ce qu'il y a de meilleur pour tous les deux.

Etape 6 :

À présent, nous allons tracer les lignes d'attachement conscientes et inconscientes. Ces lignes relient les centres énergétiques des deux personnages, ce qu'on appelle habituellement les chakras. J'ai utilisé pour mon dessin les couleurs correspondant aux différents centres énergétiques, mais vous pouvez tout à fait les tracer avec votre crayon de papier ou votre stylo.C'est plus parlant pour moi avec les couleurs, alors j'ai procédé ainsi. Voyez ce qui vous convient le mieux à vous.

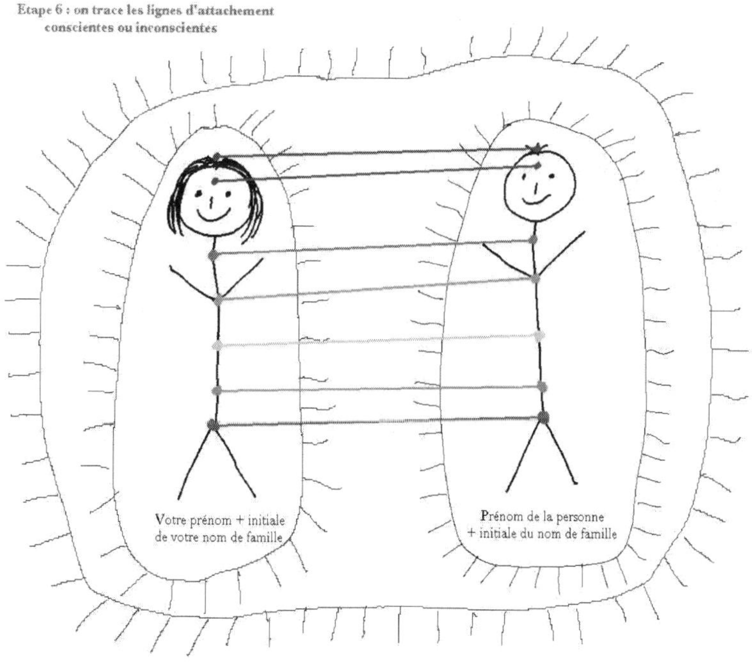

Etape N°7 :

Armez-vous de votre meilleure paire de ciseaux :-) et coupez ensuite au milieu des deux personnages, pour couper symboliquement ces lignes d'attachement entre vous et l'autre personne. Ce geste symbolique va être enregistré par votre subconscient et les modifications nécessaires pourront alors prendre forme au niveau énergétique, pour que vous puissiez vous libérer de votre attachement (de vos peurs) et que vous soyez alors libre d'avancer dans l'amour. Ça ne veut pas forcément dire aimer l'autre ou se rapprocher de lui quand il s'agit de quelqu'un avec qui nous avons des rapports toxiques. Ça peut simplement être le fait de laisser aller nos émotions négatives et de trouver la paix en nous. Quelle que soit la situation, ça ne peut qu'être productif et bénéfique de toute façon.

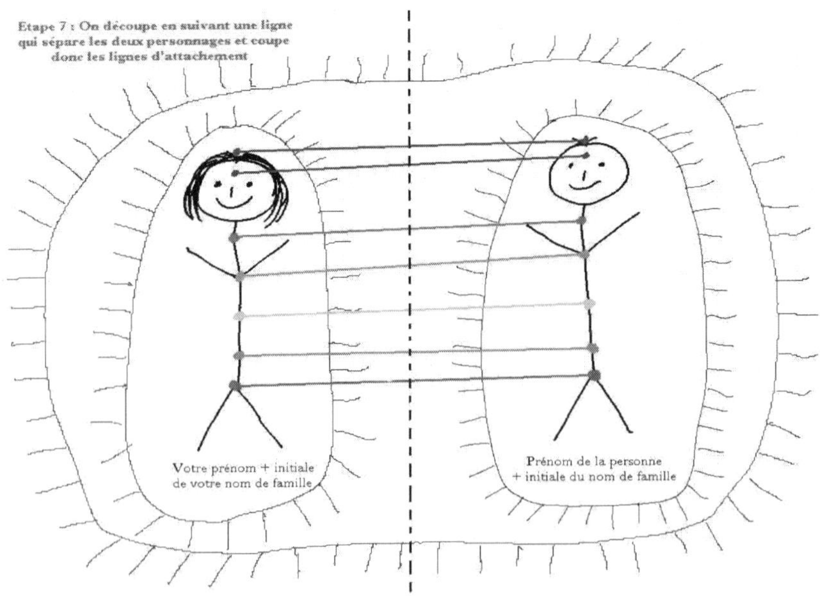

Si vous désirez vous libérer de votre attachement par rapport à une situation ou un aspect concret, remplacez le deuxième personnage par un rectangle et inscrivez-y quelques mots qui évoquent la situation.

Dans ses vidéos, Jacques Martel donne l'exemple d'une maison qu'on veut vendre. Vous pourriez alors noter « La vente de ma maison ».

Vous pouvez également noter un aspect de votre vie auquel vous avez tendance à vous « agripper » et vis-à-vis duquel vous voudriez vous sentir libre et serein comme l'amour, l'argent ou n'importe quoi d'autre.

Si vous voulez travailler sur des émotions particulières, vous pouvez à ce moment-là vous représenter deux fois, toujours en notant votre prénom et l'initiale de votre nom sous chacun des deux personnages.

Ensuite, précisez sous votre nom l'émotion ou l'état intérieur qui vous habite et dont vous aimeriez vous libérer.

Vous pourriez par exemple noter d'un côté « [Votre nom] dans la peur » et sous le deuxième personnage « [Votre nom] dans la confiance / l'amour / la sérénité /etc. »

Cherchez à identifier d'un côté l'émotion ou l'état intérieur qui vous pose souci, et à clarifier de l'autre côté l'objectif que vous souhaiteriez atteindre.

De la même façon, vous pouvez noter sous votre premier personnage « Malade » et sous le second « En pleine santé ». Ainsi, si pour une raison inconsciente, une part de vous est attachée à la maladie et ne peut pas lâcher prise à ce sujet, vous allez vous libérer de votre attachement à la maladie, et cela aura un impact bénéfique sur votre état et vous permettra d'améliorer votre santé.

Je ne peux que vous encourager à tester, à expérimenter sur tout un tas de choses et à voir ce que ça donne.

Une précision importance cela dit : vous ne pouvez faire cet exercice que si vous êtes concerné par la situation. Vous ne pouvez pas décider de briser les liens d'attachement qui existent entre deux autres personnes, car même si votre intention est d'aider un proche, vous ne pouvez pas choisir son chemin à sa place. Vous pouvez bien sûr partager avec lui cette méthode et la lui expliquer s'il souhaite tenter l'expérience par lui-même, mais il ne nous appartient pas de définir quel chemin doivent prendre les autres.

Etape N°21 : Le sentiment de ne pas existe

Je vous propose à présent d'aborder le sentiment de ne pas exister et de voir de quelle façon nous pouvons renverser la vapeur pour remettre les choses à leur juste place.

La part de nous qui est adulte sait que nous existons. Nous sommes bien réels, nous avons un corps physique palpable, nous voyons les autres et ces autres nous voient.

Techniquement, il est plutôt évident que nous sommes bel et bien là. Pourtant, d'un point de vue intérieur, il peut arriver qu'on ait l'impression d'être transparent, d'être là mais sans être vraiment là, de ne pas avoir une place bien à nous ou encore de ne pas avoir le droit d'avoir des besoins et des envies qui nous sont propres.

D'où vient ce sentiment de ne pas exister ?

Comme la plupart des nœuds et blocages que nous rencontrons en tant qu'adultes, c'est durant la période de l'enfance que ce sentiment « d'invisibilité » a pris forme, ne faisant que se renforcer au fil des ans en fonction des situations et expériences vécues.

En travaillant sur notre regard sur nous-mêmes, ce sentiment de ne pas exister s'estompe petit à petit à mesure que nous prenons conscience de notre valeur bien réelle et du fait que nous avons tous notre place en ce monde, mais le chemin peut parfois sembler long en fonction de notre parcours et de la profondeur à laquelle s'est ancré ce sentiment.

Je vous propose donc tout d'abord d'évaluer cet aspect vous concernant en reprenant notre échelle de 0 à 10. Le zéro représentant le sentiment d'être totalement invisible et le 10, la pleine conscience de son existence, le fait d'être en paix avec l'idée que nous avons notre place et qu'il n'y a pas à la gagner, le fait aussi de s'autoriser à s'affirmer paisiblement, sans se sentir obligé de signaler sa présence avec force (en élevant la voix par exemple ou en se plaçant dans l'agressivité).

Voyez pour commencer où vous en êtes sur ce point.

Ensuite, je vous propose d'identifier les situations du présent où vous avez l'impression de ne pas exister. Dans quels cas de figure ressentez-vous de l'incompréhension, de la tristesse ou même de la colère parce que vous avez le sentiment qu'on ne vous voit pas vraiment ou qu'on ne vous entend pas ?

Identifiez les émotions qui montent en vous et toutes les sensations qui vont avec.

Qu'est-ce qui vous blesse concrètement lorsqu'une telle situation se présente ? Avez-vous l'impression qu'on ne vous respecte pas ? Qu'on ne tient pas compte de vous ? Qu'à travers cela on vous dit implicitement que vous n'avez pas d'importance ? Est-ce que vous vous sentez rejeté ? Vous sentez-vous abandonné ?

De quoi auriez-vous besoin lorsqu'une telle situation se manifeste? Observez vos émotions et clarifiez vos attentes à ce sujet. Ressentez-vous par exemple le besoin d'être reconnu, entendu, soutenu ? Auriez-vous besoin qu'on vous manifeste un peu d'attention, qu'on vous montre qu'on a à cœur votre bien-être ? Qu'on vous montre qu'on vous aime et que vous êtes important tout simplement ?

Voyez quels sont les besoins qui apparaissent vous concernant, et comme toujours, notez tout.

Le fait de faire ainsi face à vos émotions va vous emmener en douceur vers la libération.

Vous pouvez utiliser aussi bien la méthode Sédona pour le lâcher-prise que la dialogue avec votre enfant intérieur pour apaiser les émotions qui montent en vous et entamer le travail de guérison à ce sujet.

Je vous propose également un autre exercice pour renverser la vapeur.

Placez-vous face à un miroir à un moment où vous avez un peu de temps de libre. Prenez le temps de vous considérer et regardez-vous véritablement. Plongez votre regard au fond des yeux de votre reflet et voyez-vous vraiment.

Ensuite, quand vous vous sentez prêt, dites-vous « **J'existe** »

Faites une pause pour observer ce qui se passe en vous et soyez attentif à vos émotions.

Ensuite, recommencez. Dites vous à nouveau « **J'existe** ! » en y mettant peut-être un peu plus d'intensité, un peu plus de conviction.

Et poursuivez ainsi. Prenez à chaque fois le temps de marquer une pause, observez vos réactions et continuez à affirmer que vous existez en modulant le ton de votre voix, en cherchant à ressentir en vous ce que vous dites, et continuez ainsi jusqu'à ce que vous perceviez en vous un changement, que vous ressentiez vraiment ce que vous dites comme étant la vérité.

Afin d'avoir un point de repère, je vous propose de faire cet exercice pendant 5 minutes pour démarrer. Prenez votre temps pour passer d'une affirmation à la suivante, et reprenez cet exercice à un autre moment, au cours de la même journée si vous le souhaitez ou le lendemain si vous préférez.

Recommencez plusieurs jours de suite, pendant au moins une semaine et observez ce qui se passe.

Plus vous allez ressentir en vous cette notion d'exister, plus vous allez ressentir de la joie monter. Laissez-la s'exprimer, quitte à faire des bonds devant le miroir en vous hurlant joyeusement « Oui, j'existe ! » Pensez simplement à prévenir votre entourage si vous n'êtes pas seul à ce moment-là :-)

Laissez venir ce qui vient spontanément. Si lors des premiers essais vous ne remarquez pas de changements importants, ça ne fait rien. Continuez à expérimenter et laissez-vous le temps à chaque fois de ressentir ce que vous dites.

Vous pouvez compléter cet exercice en écrivant ces « J'existe » ! Là aussi, vous pouvez écrire en plus gros à mesure que vous le ressentez plus profondément, utiliser des points d'exclamation ou illustrer comme bon vous semblera.

L'essentiel est de transmettre le message à cette part plus profonde de vous, aussi, plus la façon dont vous allez vous lancer ces « J'existe » sera percutante pour vous, plus vite vous allez en ressentir les effets d'un point de vue concret.

Expérimentez et voyez ce que ça donne pour vous :-)

Etape N°22 : Placez-vous en tête de la liste de vos priorités

Nous allons donc continuer ce travail sur l'estime de soi en passant par un petit questionnement intérieur. Je vous demanderais donc ceci : **Est-ce que vous vous autorisez à être en tête de la liste de vos priorités ?**

Il y a des chances que la réponse soit non ou en tout cas « pas tout le temps » ou « pas souvent », etc.

Donc la question suivante sera celle-ci : **Pourquoi ?**

Je vous propose d'identifier des moments où vous faites passer les besoins des autres avant les vôtres ou alors où vous occultez totalement vos besoins personnels et les laissez au placard.

Prenez des notes à ce sujet, ça vous aidera de tout poser à plat.

Ensuite, pour chaque élément identifié, voyez quelles sont les raisons qui vous poussent à mettre vos besoins et envies personnels ailleurs qu'en tête de liste, voire directement à la fin.

Prenez maintenant quelques instants pour imaginer que vous faites un autre choix et que vous vous permettez de tenir compte de vos besoins et envies. Vous allez même vous autoriser à tenir compte de ces éléments en priorité, en vous en occupant avant de faire quoi que ce soit d'autre pour qui que ce soit d'autre.

Vous y êtes ?

Quand ce sera le cas, observez ce qui se passe en vous.

Vous sentez-vous coupable de faire passer vos besoins avant ceux des autres ? Avez-vous le sentiment de faire quelque chose de mal ? Avez-vous peur qu'on vous fasse des reproches à ce sujet, qu'on vous pointe du doigt en vous disant que vous êtes une mauvaise personne ou ce genre de choses ?

Que ressentez-vous au juste ?

Avez-vous peut-être le sentiment de délaisser vos proches en procédant ainsi ? De les abandonner à leur sort ? Pensez-vous que sans votre aide, ils ne pourront pas subvenir par eux-mêmes à leurs besoins et qu'il est indispensable que vous interveniez, le plus vite possible par ailleurs ?

Voyez tout ce qui peut se manifester à vous intérieurement, toutes les émotions qui peuvent monter, et de la même façon, notez tout.

Voyez aussi si vous avez le sentiment de ne pas mériter ce temps pour vous, ces petites attentions que vous accordez pourtant à d'autres, mais que vous ne vous autorisez pas pour vous-même ? Avez-vous tendance à croire qu'il est naturel de combler les attentes des autres, mais que les vôtres peuvent rester en suspens, que ça ne sera pas bien grave ?

Si c'est le cas, pourquoi ?

Qu'est-ce qui vous pousse à croire que vos besoins et envies sont moins importants que ceux des autres ? Pourquoi ne vous autorisez-vous pas à prendre un peu de temps pour vous occuper de ces besoins et envies en vous ?

Allez creuser aussi loin que possible et prenez conscience de ces mécanismes en vous.

Essayez aussi de voir à quoi cela peut faire écho par rapport au passé, à votre enfance. Est-ce qu'on a pu avoir tendance à vous faire culpabiliser lorsque vous souhaitiez faire quelque chose d'amusant ou de plaisant pour vous ?

Vous a-t-on dit que papa, maman, X ou encore Y allait être déçu, fâché, triste, ou allait peut-être même tomber malade, etc. si vous ne laissiez pas de côté ce quelque chose que vous vouliez faire pour vous pour vous occuper de satisfaire la demande de papa, maman, X ou Y à la place ?

Cherchez dans la mesure du possible à identifier les schémas du passé qui ont pu vous faire ressentir un profond malaise et où vous avez pu vous sentir tenaillé entre ce quelque chose que vous vouliez accomplir pour vous et le sentiment que vous alliez blesser quelqu'un d'autre si vous ne vous occupiez pas de ce quelqu'un d'autre avant de vous occuper de vous-même.

Et nous allons pousser l'exercice un peu plus loin encore :-)

Lorsque vous aurez identifié des moments de vie où vous faites passer les attentes des autres avant les vôtres, je vous propose de choisir une situation récurrente, et lorsqu'elle se présentera à nouveau à vous, au lieu de suivre le schéma habituel, renversez la vapeur. Dites non, et faites ce que VOUS aviez envie de faire AVANT de vous occuper du besoin de l'autre.

Est-ce que ça vous paraît jouable ? Comment vous sentez-vous à cette idée ?

Parfois, c'est simplement un automatisme dont il suffit de prendre conscience pour s'en défaire. Il arrive que nous ayons tellement l'habitude de fonctionner ainsi qu'on ne se pose même plus la question, mais en prenant justement le temps de s'interroger sur le bien-fondé de ces mécanismes pour nous, nous avons alors la possibilité de faire d'autres choix et d'amener petit à petit des changements qui seront bénéfiques pour nous, et pour les autres aussi (même si sur le coup ils ne sont pas de cet avis) :-)

Etape N°23 : Pourquoi votre point de vue serait-il moins juste que celui des autres ?

Nous allons maintenant traiter un autre aspect du manque d'estime et d'amour de soi histoire de remettre les choses à leur place, de vous aider à changer votre angle de vue afin de rendre de plus en plus « logique » et légitime l'idée que oui, vous avez de la valeur, et que vous pouvez avoir confiance en vous, vous estimer et vous aimer vraiment, tel que vous êtes.

Je vous poserais donc la question suivante : **Pourquoi votre vision du monde et de vous-même serait-elle moins juste que celle des autres à ce sujet ?**

Quelles sont les raisons qui pourraient faire que nous aurions tort et les autres raison ?

Pourquoi serait-il plus plausible que les autres détiennent la vérité et que nous ayons une conception erronée de qui nous sommes, de ce que nous valons, ou de ce qui est vrai et juste concernant la vie en général ?

En fait, il n'y a aucune raison concrète qui pourrait rendre plus vraisemblable la vision des uns et faire de celle des autres quelque chose de faux.

Chacun détient sa propre vérité, sa propre perception du monde, son propre mode d'emploi.

Cela signifie que ce qui est vrai et juste pour les uns ne le sera pas nécessairement pour les autres, et réciproquement.

Si quelqu'un émet une opinion négative à votre sujet, ce n'est pas pour autant qu'il a raison et que ça vous enlève quoi que ce soit. C'est juste SON opinion, opinion qui n'est peut-être même pas le reflet de ce qu'il pense ou ressent réellement.

Nous en avons déjà parlé : il arrive bien souvent qu'on ne fasse que projeter sur les autres nos propres frustrations et douleurs.

On peut avoir certaines préférences et ne pas apprécier certaines choses (les goûts et les couleurs...) mais quand on est bien centré sur soi, on fonctionne dans l'amour et on ne tiendra pas à l'égard d'un autre des propos blessants.

On peut ne pas cautionner certains aspects qui ne cadrent pas avec notre vérité, mais dans l'amour, on accepte néanmoins l'autre tel qu'il est, et on choisit simplement son propre positionnement à ce sujet.

Quand on est dans la peur par contre (ou toute autre émotion découlant de celle-ci comme la colère), on va avoir tendance à projeter sur l'autre nos émotions négatives, et il arrivera bien souvent qu'on le blesse, qu'on l'attaque, qu'on le dénigre ou autre.

Ces paroles blessantes ne sont donc pas le reflet de la réalité et de notre vérité intérieure. Il ne s'agit pas de quelque chose qui provient de notre cœur, mais d'un fruit de la peur que l'on projette simplement sur l'autre.

Nous en revenons donc à l'idée de ne pas en faire une affaire personnelle, car ce qui est projeté par l'autre ne nous concerne pas réellement, et plus on va intégrer cette idée, plus on va se sentir en paix par rapport à ce qui vient de l'extérieur.

Peu importe ce que les autres peuvent dire ou penser de nous. C'est leur avis, et que celui-ci soit fondé sur leur véritable opinion ou non, ça leur appartient, mais ce n'est pas pour autant qu'il s'agit de la vérité à notre sujet.

Ça nous blesse uniquement parce que ça fait écho à des plaies du passé qui ne sont pas encore guéries, mais ça ne change rien pour autant à notre valeur et au fait que nous méritons d'être aimés et valorisés.

Lorsque vous doutez de vous, de vos choix ou décisions, demandez-vous pourquoi votre perception du monde et de la vie serait-elle moins juste que celle d'un autre ? Remettez à sa place le fait que chacun détient sa propre vérité et que chacun fonctionne selon des mécanismes qui lui sont propres.

Ne remettez pas en cause ce qui est vrai pour vous, car si ça sonne juste à vos yeux, c'est que cette direction est la bonne POUR VOUS.

Elle ne sera peut-être pas bonne pour quelqu'un d'autre, mais cette direction sera néanmoins la bonne pour vous !

La clé est de ne pas chercher à se référer à une source extérieure. Pourquoi quelque chose ou quelqu'un d'extérieur à vous seraient-ils plus à même que vous de déterminer ce qui est vrai et juste vous concernant ?

Personne d'autre que vous n'est mieux placé pour connaître et ressentir le bon chemin pour vous-même.

En faisant de cela une règle de vie, vous pourrez progressivement vous détacher de votre besoin d'être conforté dans l'idée que vous avez raison de vouloir avancer comme vous le faites, et vous apprendrez ou réapprendrez à faire confiance à vos ressentis et à écouter vos besoins.

Si vous vous sentez bien en fonctionnant d'une certaine façon, c'est que le chemin suivi est juste pour vous. Si vous vous sentez mal, c'est que vous n'êtes pas nécessairement en paix avec la voie empruntée et à ce moment-là, demandez-vous pourquoi ?

Ce n'est pas parce que vous n'êtes pas en paix que le chemin en lui-même est négatif, vous seul pouvez en juger, mais il peut y avoir de la peur ou d'autres émotions qui font que vous ne vous autorisez pas à avancer dans ce sens, et le fait de chercher à comprendre ce qui se cache derrière la façade vous aidera à trouver le chemin juste pour vous.

Vous pouvez aussi vous aider en vous posant la question suivante : « Si je n'avais pas peur / Si je n'étais pas en colère (ou autre), qu'est ce que je ferais ? Si j'étais parfaitement en paix, dans l'amour et la confiance, quelle décision est-ce que je prendrais à ce sujet ? »

Cela vous aidera à vous recadrer sur votre nature véritable et à trouver le chemin qui sera le plus juste pour vous !

La façon dont les autres vont réagir à ce sujet leur appartient et vous ne pouvez pas le contrôler. Contentez-vous simplement de suivre votre petit guide intérieur et faites confiance à vos ressentis, car ce sera toujours la meilleure boussole qui soit !

Etape N°24 : Vous pouvez faire un autre choix !

Je vous propose un petit travail d'introspection à présent pour continuer à remettre les choses à leur juste place et ouvrir la porte à de nouvelles prises de conscience.

Si on regarde un peu ce qui se passe partout autour de nous, on se rend aisément compte que la plupart des gens ont un positionnement assez négatif envers eux-mêmes.

Disons que la majorité des personnes que nous côtoyons au quotidien ne sont pas véritablement en paix avec eux-mêmes, dans l'amour et l'absence de jugement.

Chacun traîne ses propres casseroles et est limité par des schémas pesants liés au passé, mais il y a un schéma qu'on retrouve de façon systématique, c'est le manque d'amour de soi.

Tout le monde ne le vit pas au même degré bien sûr. Certaines personnes vont avoir une conscience assez claire de leur valeur, mais sans pour autant avoir un regard vraiment indulgent et positif envers eux-mêmes, d'autres vont être moyennement à l'aise avec leur propre personne et d'autres encore auront tendance à se détester, à éprouver une réelle aversion envers qui ils sont.

Le fait est que pour chacune de ces situations, il y a un manque d'amour de soi. Pour que cet aspect soit aussi général et fasse actuellement partie de la « normalité », du schéma qu'on croise le plus couramment, il faut qu'il y ait eu un véritable travaille de sape pendant des années et des années et sur de nombreuses générations.

Pendant longtemps, l'idée que les Hommes sont mauvais par nature et qu'ils doivent gagner leur place au Paradis a été fortement répandue et a été profondément ancrée dans l'inconscient collectif, mais aujourd'hui, et de plus en plus, nous savons que ce n'est pas la réalité des choses et que chacun est comme il est, comme il choisit d'être.

Étant enfants, nous ne pouvons que suivre le mouvement de ceux qui nous entourent et absorber ce qu'on nous montre ou ce qu'on nous dit, mais ensuite, lorsque nous commençons à nous détacher de ce cocon familial, nous avons la possibilité de faire d'autres choix et de remettre les compteurs à zéro.

Rien ne nous oblige à poursuivre selon les bases établies dans notre enfance, et le fait de prendre vraiment conscience de ça nous donne le pouvoir de choisir une autre voie.

Prenez le temps d'y réfléchir quelque peu, et prenez conscience du fait que vous n'êtes absolument pas obligé de continuer à subir les schémas hérités du passé. Vous pouvez décider immédiatement de laisser aller ces règles, et de définir les vôtres ! Celles qui sonneront juste pour vous.

Il n'est pas forcément nécessaire de lutter pendant des années pour changer nos schémas intérieurs. La clé est que ça devienne parfaitement clair en nous et que notre nouveau choix soit parfaitement clair lui aussi.

Vous pouvez choisir dès à présent de vous autoriser à aimer celui ou celle que vous êtes !

Prenez conscience du fait que rien ne vous oblige à continuer de porter un regard négatif sur vous-même parce que d'autres vous ont fait sentir et croire que vous n'étiez pas suffisant, pas digne d'être aimé ou que sais-je encore.

La question est de savoir ce que vous voulez vraiment. Prenez le temps de vous la poser.

Que désirez-vous vraiment à présent ?

Souhaitez-vous maintenir à votre propre égard ces barrières qui empêchent l'amour de couler librement et qui engendrent de la souffrance en vous ?

Ou aimeriez-vous plutôt vous autoriser à vous aimer, tel que vous êtes, commencer à voir en vous ce qu'il y a de meilleur et prendre conscience que vous n'avez pas à être différent de celui ou celle que vous êtes ?

Que souhaitez-vous vraiment à présent ?

Je vous inviterais à poser vos intentions clairement par écrit, à prendre le temps de bien y réfléchir et à vous interroger en profondeur sur votre souhait véritable.

Dès lors que ça va devenir limpide en vous, que vous allez ressentir intérieurement que oui, vous avez vraiment la possibilité de choisir une autre voie dès maintenant, vous allez pouvoir vous autoriser à emprunter ce nouveau chemin et à déverser de l'amour vers qui vous êtes plutôt que de rester dans la retenue et la limitation.

Voyez quel est votre choix à présent. Et si vous avez le désir d'ouvrir cette porte à présent, alors **tenez-vous-en fermement à votre décision** et voyez ce qui se passe en vous et autour de vous à partir de là :-)

En conclusion

Nous voilà donc arrivés au terme de ce cheminement visant à vous permettre de poser un regard différent et plus juste sur votre véritable valeur.

Je vous demanderais donc pour commencer : Dans quel état d'esprit vous situez-vous aujourd'hui par rapport à votre cheminement ? Encore dans les doutes et la confusion ? Plutôt dans la confiance et l'optimisme ?

Voyez où vous en êtes à présent, et reprenez notre échelle de 0 à 10 pour réévaluer votre positionnement sur les 3 aspects que sont : la confiance en soi, l'estime de soi et l'amour de soi.

Je vous propose également un petit récapitulatif des points importants :

Je dirais pour commencer que la base est toujours de définir clairement ce que l'on veut, quel que soit l'aspect de votre vie concerné. Tant que ce n'est pas clair à l'intérieur, ça ne peut pas le devenir à l'extérieur.

Il est donc important de prendre l'habitude de poser ses intentions, de définir avec précision ce que l'on veut vraiment, que ça concerne des éléments concrets de notre existence ou notre positionnement intérieur.

On pense parfois savoir ce que l'on veut, et quand on cherche à mettre des mots concrets dessus, on se rend compte que ce n'est pas si limpide que ça finalement.

Première étape donc : toujours clarifier, en visant ce qui nous tient vraiment à cœur et sans nous limiter à ce qui nous semble possible ou pas. La clé est de se focaliser sur ce que l'on veut vraiment et de maintenir notre attention dans cette direction en se plaçant dans la joie et le bien-être.

Ensuite, par rapport à votre regard sur vous-même, je vous ai proposé différents exercices ayant pour but de vous aligner positivement plutôt que de rester dans une sorte de fermeture vis-à-vis de votre propre valeur. Il y avait parmi ces exercices :

- Cesser toute critique, tout blâme, tout jugement envers soi-même
- La liste des aspects positifs
- L'exercice du miroir où on se lance un compliment à chaque passage
- Le dialogue avec l'enfant intérieur
- Le travail sur la posture
- La liste des victoires et des succès
- S'autoriser à dire non
- S'autoriser à être soi-même
- Écouter sa petite voix intérieure et agir selon ce qui est le plus juste pour soi

Ne perdez pas de vue que le regard erroné que vous pouvez encore porter sur vous-même **n'est pas issu de la réalité et ne reflète pas votre véritable valeur**. Vous avez adopté certaines croyances à votre sujet en fonction de ce qu'on a pu vous dire ou vous montrer depuis l'enfance, mais ce n'est pas pour autant la vérité au sujet de qui vous êtes vraiment.

Vous avez réellement de la valeur, à tous points de vue, tel que vous êtes, mais c'est à vous de décider d'y croire à présent, **de**

vous autoriser à accepter cette valeur plutôt que de continuer à accorder foi à des jugements extérieurs négatifs qui n'étaient pas le reflet de la vérité, mais seulement celui des blessures et schémas négatifs d'autres personnes extérieures à vous.

Vous êtes tel que vous êtes et c'est parfait comme ça.

Vous avez tout à fait la possibilité de commencer dès maintenant à vous aimer, à prendre soin de vous et à vous voir avec les yeux de l'Univers. Le fait d'avoir une perception négative de vous-même, d'entretenir ce regard-là est un choix que vous faites à chaque instant, mais il n'y a absolument rien qui vous oblige à poursuivre de la même façon.

C'est une décision qui se prend intérieurement. Prenez le temps de bien examiner la chose et prenez conscience du fait que vous avez vraiment la possibilité de faire un autre choix, dès que vous vous sentirez prêt pour ça !

Il n'y a pas de danger en avançant dans cette voie-là, et il y a au contraire tellement à y gagner. Non seulement cet amour envers vous-même vous fera le plus grand bien intérieurement, mais cela rejaillira inévitablement sur tous ceux qui vont croiser votre chemin :-)

Posez-vous donc ces questions : « Qu'est-ce que je choisis maintenant ? Suis-je obligé(e) de continuer à me juger et à porter sur moi un regard négatif ? Ai-je la possibilité de faire un autre choix ? Qu'est-ce que ça pourrait m'apporter de faire un choix différent ? Puis-je m'autoriser à faire celui qui sera le plus heureux pour moi ? Y a-t-il un quelconque danger pour moi à faire cela ? Pourrait-il y avoir des bénéfices pour moi en choisissant de m'aimer et de m'accepter à présent ? **Quel est donc mon choix MAINTENANT ?** »

Voilà un petit détournement de la méthode Sédona pour aller vers la prise de conscience et ouvrir la porte à un autre choix :-)

Ce que je vous dirais quoi qu'il en soit c'est de simplement persévérer, de continuer à vous entraîner, encore et encore, sans vous mettre la pression et sans vous sentir obligé de quoi que ce soit. Moins vous vous imposez de choses, mieux vous vous sentez dans votre démarche et plus il vous sera facile de progresser.

Ce que vous faites, vous le faites pour vous, alors voyez ce qui vous fait du bien, ce qui vous apporte de la joie, et poursuivez paisiblement sur votre lancée, en vous autorisant à suivre le rythme juste pour vous.

En vous souhaitant le meilleur !

Laure

LIENS

Blog officiel de Laure Zanella : www.laurezanellacoaching.fr

Site de Laure : www.laurezanella.com
Coaching intuitif, Guidance Spirituelle et développement personnel, consultations par mail et téléphone, formations en ligne.

Page Facebook « Transformez votre vie » :
https://www.facebook.com/transformezvotrevielaurezanella

Les formations :

- Transformez votre vie – 40 étapes pour maîtriser la loi d'attraction (version audio)
- Je dis Oui à la prospérité – 40 étapes vers la liberté financière (version vidéo)
- 21 jours pour reprendre le plein pouvoir sur votre vie (formation en ligne, accès permanent)
- 7 jours pour développer votre confiance en vous-même (programme gratuit, accès permanent)
- 21 jours pour apprendre à s'aimer, à s'accepter et booster sa confiance en soi (formation en ligne, accès permanent)

Les publications de Laure :

- Transformez votre vie (livre et ebook)

- La Vie, etc. (livre et ebook)

- Transformez votre vie – La formation – 40 étapes pour maîtriser la loi d'attraction (livre et ebook)

- Je dis Oui à la Prospérité – 40 étapes vers la liberté financière (livre et ebook)

- Transformez votre vie grâce à la loi d'attraction N°1 - Aller vers la prospérité financière (ebook)

- Transformez votre vie grâce à la loi d'attraction - N°2 Avancer vers des relations harmonieuses et épanouissantes (ebook)

- Transformez votre vie grâce à la loi d'attraction - N°3 Bien-être, Santé et reconnexion avec sa source intérieure (ebook)

- Transformez votre vie grâce à la loi d'attraction - N°4 Se réaliser et s'épanouir professionnellement (ebook)

- Le Bonheur n'est souvent qu'à un pas – Roman (livre et ebook)

- Le haut, le bas et l'eau (delà) – Roman (livre et ebook)

- Libération émotionnelle : Pour se défaire des souffrances du passé et faire entrer plus de joie dans sa vie ! (livre et ebook)

- 30 jours pour changer ! 14 méthodes toutes simples à appliquer au quotidien pour une vie remplie de Joie, de Satisfaction et de Sérénité (livre et ebook)

- Amour de soi, amour de l'autre : Sortir des mécanismes destructeurs qui nous mènent au conflit pour créer un monde de Paix, en soi, et tout autour de soi (ebook)

- Assainir et booster ses finances : Techniques concrètes et pratiques pour ne plus être esclave de son argent ! (livre et ebook)

** L'ensemble des titres présentés sur ces pages sont disponibles sur tous les sites Amazon, en version française uniquement.

Vous avez apprécié ce livre ? Si tel est le cas, pourriez-vous prendre quelques instants pour lui laisser une évaluation et un commentaire sur le site Amazon où vous l'avez acheté ? Merci à vous si vous le faites !

En vous souhaitant le meilleur quoi qu'il en soit !:-) Laure

Printed in Poland
by Amazon Fulfillment
Poland Sp. z o.o., Wrocław

86730335R00074